Collection folio junior en poésie

Maquette : Karine Benoit

Iconographie : Françoise Arnault

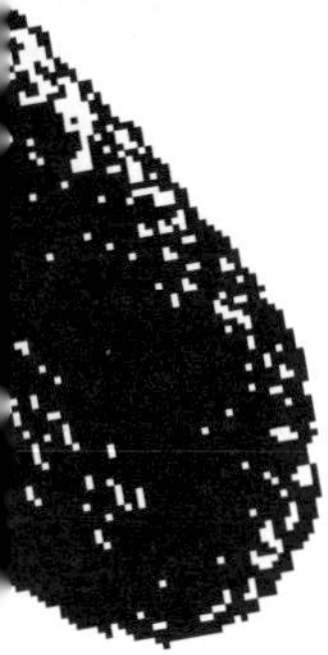

Nos confidents sont feux follets
Pauvres et laids nés de la peur
N'avons pour amants que reflets
Mais elle est vraie notre douleur.

Bel oiseau de la nuit
Belle armée de la pluie
Belle ombre de l'ennui
Bel œil noir de mon puits
Sommes belles de nuit.

Dès que s'étirent les volets
Sur les chaumières du bonheur
Nos pas s'effacent dans les blés
Mais elle est là notre douleur.

Bel oiseau de la nuit
Belle armée de la pluie
Belle ombre de l'ennui
Bel œil noir de mon puits
Sommes belles de nuit.

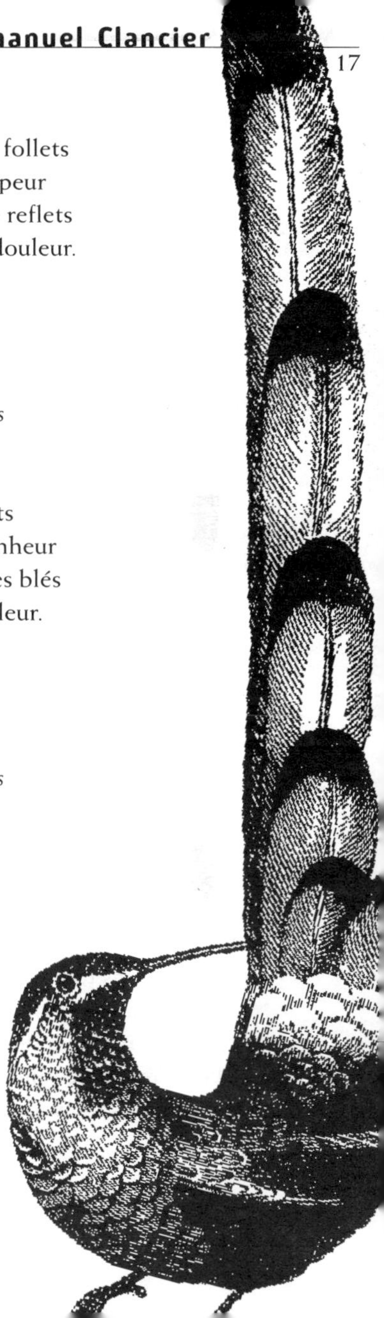

Georges-Emmanuel Clancier (né en 1914). – Limousin d'origine, homme de radio, romancier, critique, il est poète avant tout. Sa poésie est profondément ancrée dans la terre, la "généalogie paysanne"; elle chante la mémoire, l'écoulement des vies.

LE SONGE D'UNE NUIT D'ÉTÉ
ACTE II, SCÈNE III

Entre LA REINE DES FÉES avec sa suite.

TITANIA

Allons, un rondeau, et un air de fées ; et ensuite, avant la troisième partie d'une minute, chacune à vos fonctions : les unes à tuer le ver caché dans le sein odorant des boutons de rose ; les autres à faire la guerre aux chauves-souris, pour avoir leurs ailes de peau, afin d'en habiller mes petits sylphes ; d'autres, à écarter la chouette, qui, dans la nuit, nous insulte de son cri sinistre, étonnée de voir nos légers esprits. – Chantez maintenant pour m'endormir ; et après, laissez-moi reposer, et allez à vos fonctions.

CHANSON

PREMIÈRE FÉE

Vous, serpents tachetés au double dard,
Épineux porcs-épics, ne vous montrez pas.
Lézards, aveugles reptiles, gardez-vous d'être malfaisants,
N'approchez pas de notre reine des fées.

CHŒUR

Philomèle, avec mélodie,
Chante dans ton doux lullaby :
Lulla, lulla, lullaby, lulla, lulla, lullaby.
Que nul trouble, nul charme, nul maléfice
N'interrompe le repos de notre reine.
Ainsi, bon soir avec lullaby.

SECONDE FÉE

Araignées filandières, n'approchez pas ;
Loin d'ici, insectes aux longues jambes, loin d'ici.

Éloignez-vous, noirs escarbots ;
Ver, ou limaçon, n'offensez pas.
(Le chœur répète son couplet.)

PREMIÈRE FÉE

Allons, partons : tout va bien.
Qu'une de nous veille, sentinelle suspendue dans l'air.
(Les fées sortent. Titania s'endort. Entre Obéron.)

OBÉRON

Que l'objet que tu verras, en t'éveillant,
(Il presse la fleur sur les paupières de Titania.)
Soit pour toi l'objet de ton amour.
Aime-le et languis pour lui,
Qu'il soit ours, tigre ou chat,
Léopard, ou sanglier à la crinière hérissée.
Tes yeux, à ton réveil,
Le prendront pour ton amant chéri.
Réveille-toi à l'approche du plus vil objet.

William Shakespeare (1564-1616). – Le plus grand poète et dramaturge de la langue anglaise. Il est l'auteur de poèmes (*Vénus et Adonis*, *Le Viol de Lucrèce*, *Sonnets*), de pièces historiques (*Jules César*, *Henri V*...) de comédies (*La Mégère apprivoisée*, *Peines d'amour perdues*, *Comme il vous plaira*...) et de tragédies (*Hamlet*, *Le Roi Lear*, *Othello*...).

À TRILBY, LE LUTIN D'ARGAIL

À vous, ombre légère,
Qui d'aile passagère
Par le monde volez,
Et d'un sifflant murmure
L'ombrageuse verdure
Doucement esbranlez,

J'offre ces violestes,
Ces lys et ces fleurettes,
Et ces roses ici,
Ces vermeillettes roses,
Tout fraischement escloses
Et ces œillets aussi.

Vieille chanson.

C'est toi, Lutin ! – Qui t'amène ?
Sur ce rayon du couchant
Es-tu venu ? Ton haleine
Me caresse en me touchant !

À mes yeux tu te révèles.
Tu m'inondes d'étincelles !
Et tes frémissantes ailes
Ont un bruit doux comme un chant !

Ta voix, de soupirs mêlée,
M'apporte un accent connu.
Dans ma cellule isolée,
Beau Trilby, sois bien venu !
Ma demeure hospitalière
N'a point d'humble batelière
Dont ta bouche familière
Baise le sein demi-nu !

Viens-tu, dans l'âtre perfide,
Chercher mon Follet qui fuit,
Et ma Fée, et ma Sylphide,
Qui me visitent sans bruit,
Et m'apportent, empressées,
Sur leurs ailes nuancées,
Le jour de douces pensées,
Et de doux rêves la nuit !

Viens-tu pas voir mes Ondines
Ceintes d'algue et de glayeul ?
Mes Nains, dont les voix badines
N'osent parler qu'à moi seul ?
Viens-tu réveiller mes Gnômes ?
Poursuivre en l'air les atomes,
Et lutiner mes Fantômes
En jouant dans leur linceul ?
(...)

LE SYLPHE

Lenis aura...
Ovide

L'aile ternie et de rosée humide,
Sylphe inconnu, parmi les fleurs couché,
Sous une feuille, invisible et timide,
J'aime à rester caché.

Le vent du soir me berce dans les roses ;
Mais quand la nuit abandonne les cieux,
Au jour ardent mes paupières sont closes :
Le jour blesse mes yeux.

Pauvre lutin, papillon éphémère,
Ma vie, à moi, c'est mon obscurité !
Moi, bien souvent, je dis : « C'est le mystère
Qui fait la volupté ! »

Et je m'endors dans les palais magiques
Que ma baguette élève au fond des bois,
Et dans l'azur des pâles véroniques
Je laisse errer mes doigts...

Quand tout à coup l'éclatante fanfare
À mon oreille annonce le chasseur,
Dans les rameaux mon faible vol s'égare,
Et je tremble de peur.

Mais si, parfois, jeune, rêveuse et belle,
Vient une femme, à l'heure où le jour fuit,
Avec la brise, amoureux, autour d'elle
Je voltige sans bruit !

J'aime à glisser, aux rayons d'une étoile,
Entre les cils qui bordent ses doux yeux ;
J'aime à jouer dans les plis de son voile
Et dans ses longs cheveux...

Sur son beau sein quand son bouquet s'effeuille,
Quand à la tige elle arrache un bouton,
J'aime surtout à voler une feuille
Pour y tracer mon nom...

Oh ! respectez mes jeux et ma faiblesse,
Vous qui savez le secret de mon cœur !
Oh ! laissez-moi pour unique richesse,
De l'eau dans une fleur,

L'air frais du soir, au bois, une humble couche,
Un arbre vert pour se garder du jour...
Le Sylphe, après, ne voudra qu'une bouche
Pour y mourir d'amour !

Charles Dovalle (1807-1929). – L'œuvre de ce poète de vingt ans, tué en duel d'une balle en plein cœur, servit à Victor Hugo de prétexte pour revendiquer, contre les “banales circonstances” de la vie et de la politique, les droits de l'“intimité” en poésie.

LE SYLPHE

Ni vu ni connu
Je suis le parfum
Vivant et défunt
Dans le vent venu !

Ni vu ni connu,
Hasard ou génie ?
À peine venu
La tâche est finie !

Ni lu ni compris ?
Aux meilleurs esprits
Que d'erreurs promises !

Ni vu ni connu,
Le temps d'un sein nu
Entre deux chemises !

Paul Valéry (1871-1945). – Né à Sète, lié avec Mallarmé, Heredia, Gide, Debussy, il fit néanmoins des études de droit. Installé à Paris en 1894, après avoir travaillé au ministère de la Guerre, il devient le secrétaire particulier d'un administrateur de l'agence Havas. Sa poésie est rigoureuse, à la fois solaire et sensuelle.

LE BRANDON

Il y a dans mon feu ce soir un joli gnome
À ceinture d'or qui cause d'amour fort tendre
À la mignonne salamandre qui s'endort.

Il doit être épris certes de sa robe verte
Et de ses habits de naine fée, car il ôte
Comiquement sa toque couverte de rubis.

Il agite ses grelots vermeils, vite, vite,
Saute de bûche en bûche comme un sot derviche
Et la petite salamandre se réveille.

Elle admire son beau collier de sous percés,
Sa mantille rouge, bleue et rose d'émir,
Son haut-de-chausses tissé de pourpre dessous.

Elle admire ses espiègleries de jongleur
Qui escamote mille billes de couleurs,
Qui pleure et qui sourit sous sa hotte de fleurs.

Mais comme il fait encore deux ou trois pirouettes
À la crémaillère en lutin tout cousu d'or,
Prise enfin de peur, la frileuse salamandre
File en la cendre et le dernier brandon s'éteint.

Tristan Klingsor (1874-1966). – La longévité de ce poète lui a permis de connaître le symbolisme de la fin du XIXe siècle, comme le surréalisme. Mais sa poésie est restée fine et pleine de fantaisie, elle a su allier toutes les ressources d'un vers assoupli (*Humoresques*, 1921; *Florilège*, 1962).

NUIT RHÉNANE

Mon verre est plein d'un vin trembleur comme une flamme
Écoutez la chanson lente d'un batelier
Qui raconte avoir vu sous la lune sept femmes
Tordre leurs cheveux verts et longs jusqu'à leurs pieds

Debout chantez plus haut en dansant une ronde
Que je n'entende plus le chant du batelier
Et mettez près de moi toutes les filles blondes
Au regard immobile aux nattes repliées

Le Rhin le Rhin est ivre où les vignes se mirent
Tout l'or des nuits tombe en tremblant s'y refléter
La voix chante toujours à en râle-mourir
Ces fées aux cheveux verts qui incantent l'été

Mon verre s'est brisé comme un éclat de rire

Guillaume Apollinaire (1880-1918). – Ce poète français était le fils d'un Italien et d'une Polonaise. Précepteur outre-Rhin, il tomba amoureux de la gouvernante anglaise, qui lui inspira *La Chanson du mal-aimé*. Il sillonna l'Europe, puis s'établit à Paris où il se lia avec Picasso, Braque, Matisse et se consacra à la poésie et à la critique d'art. La publication d'*Alcools* (1913) marque le vrai début de la poésie du XXe siècle.

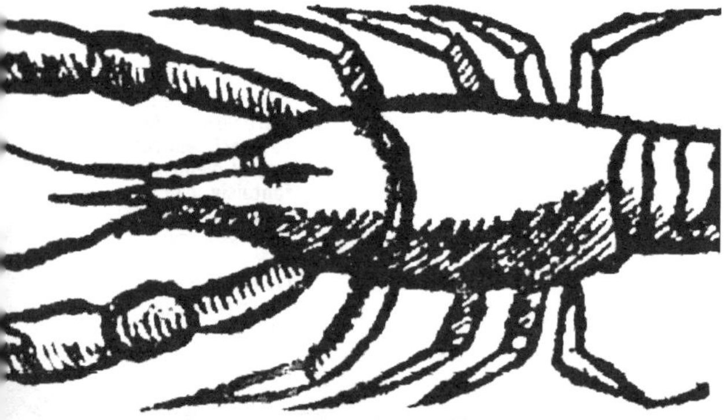

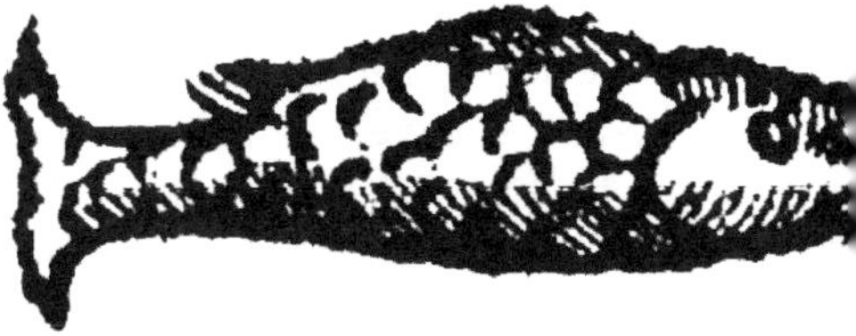

ONDINE

« Sache, mon doux ami, qu'il existe dans les éléments des êtres qui ont l'apparence d'êtres humains, et qui pourtant ne se laissent voir que rarement à ceux-ci. Dans les flammes reluisent et se jouent les bizarres salamandres ; aux profondeurs de la terre habitent des gnomes malicieux et grêles ; les forêts sont le domaine des sylvains et des hamadryades ; les sylphes voltigent légers par les nuages et par les airs ; et dans les mers, les lacs, les torrents et les ruisseaux, vit le peuple innombrable des Ondins. Ils habitent de magnifiques palais de cristal, qui leur laissent apercevoir le ciel, le soleil et les claires étoiles ; dans leurs jardins s'élèvent de beaux arbres de corail chargés de fruits d'azur et de pourpre ; ils marchent sur un sable pur parsemé de coquillages aux mille couleurs. Ces domaines ne sont autre

chose que l'ancien monde que Dieu voulut, sous les lourds voiles mystérieux des eaux argentées, dérober aux regards indignes des hommes d'aujourd'hui... Les habitants de ces régions sont d'un aspect gracieux et affable, souvent même ils surpassent en beauté les hommes. À maint pêcheur il fut donné d'apercevoir quelqu'une des filles des eaux, au moment où pour chanter elles émergent de la blanche écume. Ces femmes merveilleuses et d'inouïe beauté furent appelées des Ondines. Et maintenant, mon bien-aimé, il faut que je te dise que c'est une de ces Ondines que tu vois ici devant toi. »

Traduit par Jean Thorel

Frédéric de La Motte-Fouqué (1777-1843). – Ce descendant de huguenots normands et d'officiers prussiens a laissé une œuvre abondante de drames historiques et de romans de chevalerie, mais n'est plus guère connu que par l'histoire d'Ondine, qui inspira plus tard Hoffmann musicien, pour un opéra malheureusement perdu, puis Jean Giraudoux.

L'ONDINE

Une ondine nageait au fil d'une rivière
Scintillant de clarté lunaire,
Et tentait de lancer à la lune d'argent
L'écume légère en jouant.

Le courant emportait comme un flottant mirage
Les reflets mouvants des nuages ;
Et l'ondine chantait, et les mots de son chant
Volaient sur les rocs dans le vent.

Elle disait : « Là-bas, sur nos plages profondes,
Le soleil pénètre les ondes,
Et glissent les poissons en troupeau fluvial
Parmi les villes de cristal.

« Là, sur un chatoyant oreiller, fait de sable,
Sous les roseaux impénétrables,
Dort un beau chevalier dans les flots immergé,
Un beau chevalier étranger.

« Nous avons caressé sa chevelure soyeuse
Au long des nuits mystérieuses,
Et sur ses yeux fermés, nous avons déposé
Parfois les plus tendres baisers.

« Mais j'ignore pourquoi nos si douces caresses
Ne peuvent chasser sa tristesse.
Sur mon cœur il se penche, et cet étrange amant
Ne respire pas en dormant… »

Ainsi, dans sa langueur, d'une voix qui fascine
Au fil de l'eau chantait l'ondine.
Et le fleuve emportait comme un flottant mirage
Les reflets mouvants des nuages.

Michel Lermontov (1814-1841). – Il aimait rappeler son origine écossaise. Chaleureusement accueilli par la haute société russe lorsqu'il vient faire ses études à Moscou, il rompt très vite avec ce milieu. Diverses “provocations” entraînent son exil au Caucase. Il est tué au cours d'une rixe, assez mystérieusement, à l'âge de 27 ans. La poésie héroïque des décembristes, la lecture de Pouchkine et de Schiller marquent profondément l'œuvre de Lermontov.

LE VIEILLARD ET LES NYMPHES

Un vieillard aveugle habite la montagne. Pour avoir regardé les nymphes, ses yeux sont morts, voilà longtemps. Et depuis, son bonheur est un souvenir lointain.

« Oui, je les ai vues, m'a-t-il dit : Helopsychria, Limnanthis ; elles étaient debout, près du bord, dans l'étang vert de Physos. L'eau brillait plus haut que leurs genoux.

« Leurs nuques se penchaient sous les cheveux longs. Leurs ongles étaient minces comme des ailes de cigales. Leurs mamelons étaient creux comme des calices de jacinthes.

« Elles promenaient leurs doigts sur l'eau et tiraient de la vase invisible les nénufars à longue tige. Autour de leurs cuisses séparées, des cercles lents s'élargissaient… »

Pierre Louÿs (1870-1925). – Très jeune, il se lie avec Mallarmé, Paul Valéry, et crée une revue poétique, *La Conque*. Il publie des contes, des romans (*Aphrodite*) et des poèmes. *Les Chansons de Bilitis*, publiées pour la première fois en 1894, se présentaient comme la traduction fidèle de textes composés par une poétesse grecque du VIe siècle avant notre ère. C'est donc une mystification littéraire… réussie!

NARCISSE ET ÉCHO

Ô combien de fois elle voulut l'aborder par de douces paroles
Et lui adresser de lascives prières ! Sa nature s'y oppose
Et l'empêche de provoquer ; mais ce qu'elle lui permet, et elle y est préparée,
C'est de guetter des sons, auxquels elle répond par ses propres vocalités.
Un jour, le jeune homme, isolé de son groupe fidèle
Dit : « Est-ce que quelqu'un est là ? »; « Quelqu'un est là », répondit Écho.
Stupéfait, alors qu'il porte de toutes parts son regard,
« Viens », crie-t-il d'une voix forte; et elle, appelle celui-là qui appelle.
Il se tourne et ne voyant venir personne : « Pourquoi, dit-il,
Me fuis-tu ? » et il recueille autant de paroles qu'il en a prononcées.
Il persiste et dépité par sa voix qu'il s'imagine s'être décalée
« Ici unissons-nous », dit-il et il n'y eut jamais de son
Auquel Écho pût répondre avec tant de bonheur : « Unissons-nous », répéta-t-elle ;
Et elle se charme tant elle-même de ses propres paroles que, sortie des bois,
Elle s'apprête à enserrer de ses bras le cou si espéré.
Narcisse s'échappe et en s'échappant : « Ôte tes mains qui m'enlacent »,
Dit-il, « je mourrai plutôt que mes splendeurs t'appartiennent. »

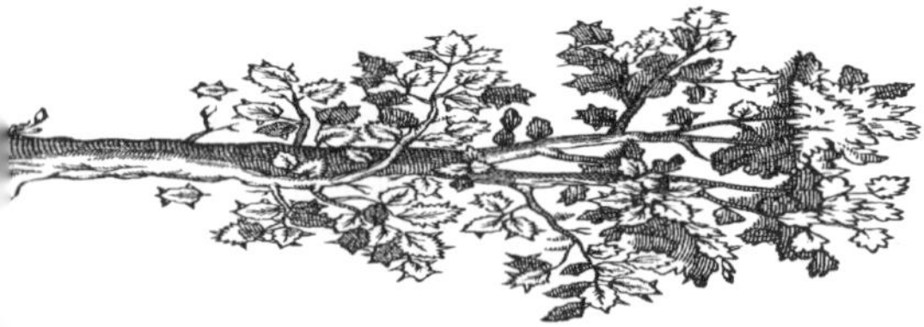

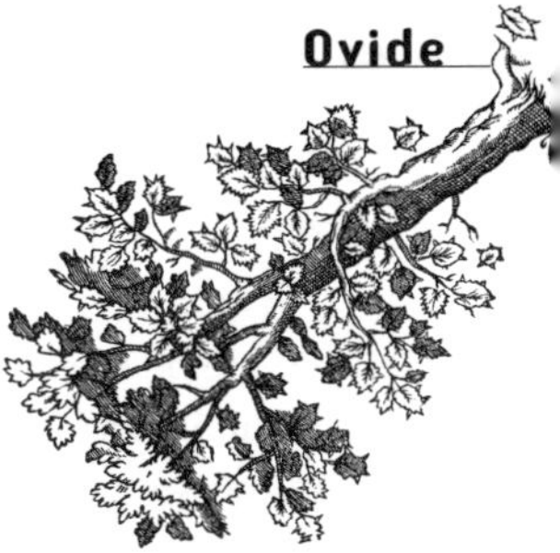

Elle ne répéta rien que : « Que mes splendeurs t'appartiennent. »
Humiliée elle se retire alors dans les bois et cache sous les feuilles son visage pris de honte
Et c'est depuis qu'elle vit dans des antres solitaires.
Mais cependant son amour demeure et s'augmente de la douleur d'avoir été repoussée
Et ces troubles tiennent éveillé sans repos son corps qui devient misérable
Puis la maigreur déssèche sa peau et la sève de son corps
S'évapore dans l'air. Tant ne subsistent que la voix et les os ;
La voix demeure ; les os, dit-on, prirent la forme d'un rocher.
Depuis, elle reste cachée dans les bois et on ne la voit plus sur la montagne ;
Mais elle est entendue de tous ; c'est un son qui vit en elle.

Ovide (43-17 av. J.-C.). – Poète latin, il composa des œuvres d'inspiration érotique, *L'Art d'aimer* et *Les Remèdes à l'amour*, une tragédie, *Médée*, et un immense poème mythologique, *Les Métamorphoses*. Exilé de Rome sous le prétexte d'immoralité, il ne devait jamais revoir sa ville d'élection.

L'ESPRIT DE LA MONTAGNE

Il semble qu'il y ait quelqu'un au creux du mont,
  Vêtu de lierre, ceinturé de cuscute.
Un léger sourire en son regard éloquent...
  « Comme vous m'aimez pour être aussi gracieux ! »
Il conduit un léopard écarlate, qu'escortent des renards mouchetés.
  Son char est de magnolia, le drapeau, de cannelier tressé ;
L'habit est de dendrobies, et l'asaret fait sa ceinture.
  Pour mon bien-aimé j'ai cueilli tous les parfums.
J'habite en un noir bosquet de bambous, où jamais je n'ai vu le ciel ;
  La route est ardue, aussi j'arrive en retard.
Solitaire je me dresse au sommet du mont ;
  Les nuages sous moi glissent avec lenteur.
Le soleil s'est caché : il fait noir en plein jour.
  Dans les rafales du vent d'Est, les dieux envoient la pluie.
J'attends l'ami lointain, sans songer au retour.
  L'année touche à sa fin, qui donc me fleurira ?
Au Mont des Devins, j'ai cueilli l'amadouvier,
  Dans les éboulis de rocs où grimpent les lierres.
Je hais cet homme... et, peinée, j'oublie le retour...
  Vous m'aimez, mais voici que l'heure s'est enfuie...
L'hôte des montagnes, fleurant bon l'alpinie,
  Boit à la source des rochers, à l'abri sous pins et cyprès.
Vous m'aimez, je le sais, mais un doute en vous subsiste.
Le tonnerre roule et gronde, noire est la pluie.
  Les singes gémissent, puis hurlent à la nuit.
Le vent souffle fort et siffle dans les ramures.
  Je pense à vous et ne connais que la tristesse.

Traduit par M. Hervouet.
Revu par M. Kaltenmark.

LES ALLIANCES

Ce sont les anges qui préparent
Les boules bleues de la lessive,
Aussi les blanchisseuses lavent
À genoux dans le lavoir.
Puis tordent les ailes de linge
Puis suspendent partout des anges.

Comme l'ange et comme Jacob
Femmes et anges se battent,
Se tirent les cheveux, les robes,
À pleines mains, à quatre pattes.

Le lavoir est un lieu cruel ;
Parfois on se démet la hanche.
Mais toujours reviennent les anges
Apporter les boules de ciel.

Batteuses d'anges, de tapis,
Prenez garde à vos alliances !
Car les anges sans surveillance
Sont pis encore que des pies.

Jean Cocteau (1889-1963). – Poète, romancier, dessinateur, dramaturge, cinéaste, Cocteau a laissé une trace inoubliable dans la poésie française. Car la gravité de cet éternel funambule apparaît aujourd'hui dans toute sa force.

DU SENTIER ET DE LA FEMME

J'ai vu dit-elle un ange aujourd'hui
c'était dans les bambous
un ange aujourd'hui
C'était près de la mer, il en sortait
C'était sur la tête des rochers rouges
il marchait là-haut,
Il se tenait plus beau que toi
Et les poils de sa crinière étaient tout blancs !

Moi aussi dit Adam
– Non tu ne l'as pas vu, un seul a pu le voir
Car il faisait aller ses rayons jusqu'à ma prunelle,
Toi ta vue était fausse.
L'ange était un soleil en plus du ciel
Et le géant parlait dans mon sentier :
« Tu as vu un ange, un ange, alors sois gaie !
Amuse-toi bien, je suis Nataniel. »

Pierre-Jean Jouve (1887-1976). – L'affirmation de la primauté de l'amour domine l'œuvre du poète comme celle du romancier. Celui qui veut être libre "erre sous le mauvais signe". Exilé, il verra l'injustice déchirer le monde, mais "plutôt mourir que tuer". (*Tragiques* suivi du *Voyage sentimental*, 1923).

LE RHIN

Aux galets le flot se brise
Sous la lune blanche et grise,
Ô la triste cantilène
Que la bise dans la plaine !
– Elfes couronnés de jonc,
Viendrez-vous danser en rond ?

Hou ! Hou ! le héron ricane
Pour faire peur à la cane.
Trap ! Trap ! le sorcier galope
Sur le bouc et la varlope.
– Elfes couronnés de jonc,
Viendrez-vous danser en rond ?

Au caveau rongé de mousse
L'empereur à barbe rousse,
Le front dans les mains, sommeille.
Le nain guette la corneille.
– Elfes couronnés de jonc,
Viendrez-vous danser en rond ?

Mais déjà l'aurore émerge,
De rose teignant la berge,
Et s'envolent les chimères
Comme un essaim d'éphémères.
– Elfes couronnés de jonc,
Vous ne dansez plus en rond !

Jean Moréas (1856-1910). – Poète grec d'expression française, Jean Moréas fonda en 1891 l'école romane qui voulut faire succéder au symbolisme une inspiration archaïque, puis antique. Sa poésie, très mélodique, s'apparente à la chanson (*Les Syrtes*, 1814 ; *Les Cantilènes*, 1886 ; *Le Pèlerin passionné*, 1890).

CHANSON DE GALADRIEL

J'ai chanté les feuilles, les feuilles d'or, et là poussaient des feuilles
d'or ;
J'ai chanté le vent, un vent vint là, qui dans les branches souffla.
Au-delà du Soleil, au-delà de la Lune, l'écume était sur la Mer,
Et près de la grève d'Ilmarin poussait un Arbre d'or.
Sous les étoiles du Soir-éternel en Eldamar il brillait,
En Eldamar près des murs de l'Elfique Tirion.
Là, longtemps, les feuilles d'or ont poussé au long des années heureuses
Tandis qu'ici, au-delà des Mers Séparatrices, coulent maintenant
les larmes elfiques.
Ô Lorien ! L'Hiver s'avance, le Jour nu et sans feuille ;
Les feuilles tombent dans la rivière, la Rivière s'écoule.
Ô Lorien ! Trop longtemps suis-je restée sur ce Rivage
Et en une couronne évanescente ai-je tressé l'elanor d'or ;
Mais si je devais maintenant chanter les navires, quel navire
viendrait à moi ;
Quel navire me porterait jamais au-delà d'une si vaste Mer ?

J. R. R. Tolkien (1892-1973). – Professeur à Oxford, il écrit son premier roman, *Bilbo le Hobbit*, à 44 ans, créant un univers peuplé de magiciens, d'elfes et de créatures fantastiques. Il mettra vingt ans à rédiger la trilogie du *Seigneur des anneaux*, fortement inspirée par les sagas scandinaves, la mythologie germanique et les romans de la Table ronde, et qui connaîtra un immense succès.

FANTASMAGORIES

Les oiseaux boulus bourrus
Dans les cages de la pluie
Le hérisson regoglu
Qui se traîne et qui s'ennuie
L'avers luisant des talus
Les ruisseaux gorgés de nuit
La cheminée s'époumone
Les fées trottent en sabots
Gobelins roulent cerneaux
Dans les ruelles des automnes
Lutins au cœur d'anémones
Fadets secouant leurs grelots
Voici passer sur la route
Corbillard et gris chapeau
Houppelandé, lourd de doute
Monsieur de Serres-Cambot
Chef d'orchestre des grenouilles
Monsieur de Serres-Cambot
Chef d'orchestre des crapauds.

Maurice Fombeure (1906-1981). – Professeur dans le Nord, puis à Paris, il publie, dès 1930, ses premiers recueils. Ses poèmes ont été mis en musique par Florent Schmitt, Francis Poulenc, Claude Arrieu... Parmi ceux qui restèrent en marge du surréalisme, il est l'un des poètes les plus importants.

ESPRITS
DE LA NUIT, FANTASMAGORIES

MACBETH
ACTE I, SCÈNE III

Une bruyère.

Tonnerre. – Entrent les trois SORCIÈRES.

PREMIÈRE SORCIÈRE

Où as-tu été, sœur ?

SECONDE SORCIÈRE

Égorger un pourceau.

TROISIÈME SORCIÈRE

Et toi, sœur ?

PREMIÈRE SORCIÈRE.

La femme d'un matelot avait des châtaignes dans son giron ; elle grugeait, grugeait, grugeait. Donne-m'en, lui ai-je dit. – Va-t'en, sorcière, m'a répondu cette mégère à l'énorme et large croupe. – Son mari s'est embarqué pour Alep, comme patron du *Tigre*. Moi, je m'embarquerai dans un crible, je le poursuivrai ; et, déterminée comme un rat sans queue, je ferai, je ferai, je ferai...

SECONDE SORCIÈRE

Je t'offre un aire de vent.

PREMIÈRE SORCIÈRE

Tu es bien obligeante.

TROISIÈME SORCIÈRE

Et moi un autre.

PREMIÈRE SORCIÈRE

Et moi, je dispose du reste ; je préside au point d'où ils soufflent, et à tous les coins du compas des marins. Je veux rendre son mari sec comme l'herbe fanée des prés. Ni jour ni nuit le sommeil ne reposera sur sa paupière, il vivra comme un proscrit ; fatigué de neuf fois neuf nuits d'insomnie, il séchera, maigrira, languira ; et si sa barque ne peut être perdue, du moins sera-t-elle battue sans relâche des flots et de la tempête. – Voyez-vous ce que j'ai là ?

SECONDE SORCIÈRE

Montre-moi, montre-moi.

PREMIÈRE SORCIÈRE

C'est le pouce d'un pilote qui a fait naufrage en revenant dans son pays.

(Tambour au-dedans.)

TROISIÈME SORCIÈRE

Le tambour ! le tambour ! Macbeth vient.

TOUTES

Ainsi les sœurs du destin, courrières de la terre et des mers, les mains enlacées l'une dans l'autre, dansent en rond : trois tours pour toi, trois pour moi, et trois encore pour compléter les neuf cercles. Paix ! – Le charme est accompli.

(Entrent Macbeth et Banquo.)

MACBETH

Je n'ai jamais vu de jour si affreux et si beau.

BANQUO

Combien dit-on qu'il y a d'ici à Fores ? – Mais que vois-je ? Quelles sont ces créatures étranges, si flétries dans leurs traits, si sauvages dans leur accoutrement ? Elles ne ressemblent point aux habitants de la terre, et pourtant elles y marchent comme nous. – Êtes-vous des êtres vivants, et pouvez-vous répondre aux questions de l'homme ? Vous paraissez m'entendre. Je vous vois toutes trois placer votre doigt décharné sur vos lèvres livides et ridées. – Je vous croirais des femmes, sans cette barbe épaisse dont votre menton est hérissé.

MACBETH

Parlez, si vous pouvez. Qui êtes-vous ?

PREMIÈRE SORCIÈRE

Salut, Macbeth ! Salut à toi, thane de Glamis !

SECONDE SORCIÈRE

Salut, Macbeth ! Salut à toi, thane de Cawdor !

TROISIÈME SORCIÈRE

Salut, Macbeth ! un jour tu seras roi.

BANQUO

Bon seigneur, pourquoi vous troublez-vous ? Pourquoi semblez-vous craindre des événements qui s'annoncent sous un aspect si brillant ? – Au nom de la vérité, répondez : êtes-vous des spectres fantastiques, ou êtes-vous en effet ce que vous paraissez être ? Vous saluez mon noble collègue d'un titre honorable, et vous lui annoncez dans l'avenir de grandes destinées et l'espoir d'une couronne : vos brillantes prédictions l'ont jeté dans le ravissement ; et moi, vous ne me parlez pas. Si vos regards peuvent pénétrer le sein de l'avenir, et démêler, dans les germes des événements, ceux qui doivent prospérer ou avorter, parlez-moi donc aussi à moi, qui ne mendie point vos faveurs, et qui ne crains point votre haine.

PREMIÈRE SORCIÈRE

Salut !

SECONDE SORCIÈRE

Salut !

TROISIÈME SORCIÈRE

Salut !

PREMIÈRE SORCIÈRE

Tu seras plus petit que Macbeth et plus grand que lui.

SECONDE SORCIÈRE

Tu seras moins heureux et beaucoup plus heureux que lui.

TROISIÈME SORCIÈRE

Tu feras des rois, quoique tu ne sois pas roi. Ainsi salut, Macbeth et Banquo !

PREMIÈRE SORCIÈRE

À Banquo et Macbeth, salut !

MACBETH

Arrêtez, obscures prophétesses : expliquez-vous plus clairement. Je sais bien que, par la mort de Sinel mon père, je suis thane de Glamis ; mais comment puis-je l'être de Cawdor ? le thane de Cawdor est vivant, il est dans tout l'éclat de la prospérité. Et que je sois jamais roi, c'est un événement où ne peut atteindre mon espérance... ni thane de Cawdor, non plus. Parlez : d'où tenez-vous ces étranges connaissances ? ou pourquoi arrêtez-vous nos pas sur ces arides bruyères, par vos vaines prédictions ? – Parlez, je vous l'ordonne.

(Les sorcières disparaissent.)

BANQUO

La terre, ainsi que l'onde, enfante des bulles aériennes, filles légères de l'air, qu'un souffle dissipe : ce que nous avons vu n'était qu'un néant. – Où sont-elles évanouies ?

SORCIÈRES

Sur la colline où tremble la lune,
sautent des sorcières jeunes et nues,
masquées d'argile,
que le désir et la peur aiguillonnent.
Leurs cheveux sont feuillage,
leurs yeux pervenches ;
au plus sombre leurs branches moussent.
Par quelle folie, quel amour
fut leur troupe portée
dans ce désert bleu-noir où les ombres griffent ?

Sur l'eau déjà un renard flaire l'odeur du feu.

Jean Joubert est né en 1928. Après de longs séjours en Angleterre, en Allemagne et aux États-Unis, il s'installe à Montpellier où il découvre un Sud méditerranéen qui marquera profondément ses œuvres. Il a longtemps enseigné la littérature anglo-américaine. Son quatrième roman, *L'Homme de sable*, a obtenu le prix Renaudot en 1975 et ses *Poèmes* le prix de l'académie Mallarmé en 1978.

LA LORELEY

À Bacharach il y avait une sorcière blonde
Qui laissait mourir d'amour tous les hommes à la ronde

Devant son tribunal l'évêque la fit citer
D'avance il l'absolvit à cause de sa beauté

Ô belle Loreley aux yeux pleins de pierreries
De quel magicien tiens-tu ta sorcellerie

Je suis lasse de vivre et mes yeux sont maudits
Ceux qui m'ont regardée évêque en ont péri

Mes yeux ce sont des flammes et non des pierreries
Jetez jetez aux flammes cette sorcellerie

Je flambe dans ces flammes ô belle Loreley
Qu'un autre te condamne tu m'as ensorcelé

Évêque vous riez Priez plutôt pour moi la Vierge
Faites-moi donc mourir et que Dieu vous protège

Mon amant est parti pour un pays lointain
Faites-moi donc mourir puisque je n'aime rien

Mon cœur me fait si mal il faut bien que je meure
Si je me regardais il faudrait que j'en meure

Mon cœur me fait si mal depuis qu'il n'est plus là
Mon cœur me fit si mal du jour où il s'en alla

L'évêque fit venir trois chevaliers avec leurs lances
Menez jusqu'au couvent cette femme en démence

Va-t'en Lore en folie va Lore aux yeux tremblants
Tu seras une nonne vêtue de noir et blanc

Puis ils s'en allèrent sur la route tous les quatre
La Loreley les implorait et ses yeux brillaient comme des astres

Chevaliers laissez-moi monter sur ce rocher si haut
Pour voir une fois encore mon beau château

Pour me mirer une fois encore dans le fleuve
Puis j'irai au couvent des vierges et des veuves

Là-haut le vent tordait ses cheveux déroulés
Les chevaliers criaient Loreley Loreley

Tout là-bas sur le Rhin s'en vient une nacelle
Et mon amant s'y tient il m'a vue il m'appelle

Mon cœur devient si doux c'est mon amant qui vient
Elle se penche alors et tombe dans le Rhin

Pour avoir vu dans l'eau la belle Loreley
Ses yeux couleur du Rhin ses cheveux de soleil

DÉPART POUR LE SABBAT

Elle se leua la nuict, et allumant de la chandelle, print une bouëtte et s'oignit, puis auec quelques paroles elle fut transportée au Sabbat.

Jean Bodin,
De la Démonomanie des Sorciers

Ils étaient là une douzaine qui mangeaient la soupe à la bière, et chacun d'eux avait pour cuillère l'os de l'avant-bras d'un mort.

La cheminée était rouge de braise, les chandelles champignonnaient dans la fumée, et les assiettes exhalaient une odeur de fosse au printemps.

Et lorsque Maribas riait ou pleurait, on entendait comme geindre un archet sur les trois cordes d'un violon démantibulé.

Cependant le soudard étala diaboliquement sur la table, à la lueur du suif, un grimoire où vint s'abattre une mouche grillée.

Cette mouche bourdonnait encore lorsque de son ventre énorme et velu une araignée escalada les bords du magique volume.

Mais déjà sorciers et sorcières s'étaient envolés par la cheminée, à califourchon qui sur le balai, qui sur les pincettes, et Maribas sur la queue de la poêle.

Aloysius Bertrand (1807-1841). – Né en Italie, venu en France à 7 ans, il fut toujours un expérimentateur de la langue française, un précurseur du poème en prose. *Gaspard de la nuit, fantaisie à la manière de Rembrandt et de Callot* (1842), est un chef-d'œuvre reconnu de Sainte-Beuve à André Breton.

CONSEILS DONNÉS PAR UNE SORCIÈRE

(À voix basse, avec un air épouvanté,
à l'oreille du lecteur.)

Retenez-vous de rire
dans le petit matin !

N'écoutez pas les arbres
qui gardent les chemins !

Ne dites votre nom
à la terre endormie
qu'après minuit sonné !

À la neige, à la pluie
ne tendez pas la main !

N'ouvrez votre fenêtre
qu'aux petites planètes
que vous connaissez bien !

Confidence pour confidence :
vous qui venez me consulter,
méfiance, méfiance !
On ne sait pas ce qui peut arriver.

Jean Tardieu (1903-1995). – Directeur des programmes de France-Musique, il fut en même temps auteur dramatique et poète. Dans ses pièces comme dans sa poésie (*Le Fleuve caché*, 1933 ; *Accents*, 1939 ; *Monsieur Monsieur*, 1951...) apparaît un goût très vif pour les jeux multiples du langage.

LA RONDE DU SABBAT

À M. Charles N.

Hic chorus ingens
... Colit orgia.
Avienus

Voyez devant les murs de ce noir monastère
La lune se voiler, comme pour un mystère !
L'esprit de minuit passe, et, répandant l'effroi,
Douze fois se balance au battant du beffroi.
Le bruit ébranle l'air, roule, et longtemps encore
Gronde, comme enfermé sous la cloche sonore.
Le silence retombe avec l'ombre... Écoutez !
Qui pousse ces clameurs ? qui jette ces clartés ?
Dieu ! les voûtes, les tours, les portes découpées,
D'un long réseau de feu semblent enveloppées,
Et l'on entend l'eau sainte, où trempe un buis bénit,
Bouillonner à grands flots dans l'urne de granit !...
À nos patrons du ciel recommandons nos âmes !
Parmi les rayons bleus, parmi les rouges flammes,
Avec des cris, des chants, des soupirs, des abois,
Voilà que de partout, des eaux, des monts, des bois,
Les larves, les dragons, les vampires, les gnômes,
Des monstres dont l'enfer rêve seul les fantômes,
La sorcière, échappée aux sépulcres déserts,
Volant sur le bouleau qui siffle dans les airs
Les nécromants, parés de tiares mystiques
Où brillent flamboyants les mots cabalistiques,
Et les graves démons, et les lutins rusés,
Tous, par les toits rompus, par les portails brisés,
Par les vitraux détruits que mille éclairs sillonnent,
Entrent dans le vieux cloître où leurs flots tourbillonnent !

Debout au milieu d'eux, leur prince Lucifer
Cache un front de taureau sous la mitre de fer ;
La chasuble a voilé son aile diaphane,
Et sur l'autel croulant il pose un pied profane.
Ô terreur ! Les voilà qui chantent dans ce lieu
Où veille incessamment l'œil éternel de Dieu.
Les mains cherchent les mains... Soudain la ronde immense,
Comme un ouragan sombre, en tournoyant commence.
À l'œil qui n'en pourrait embrasser le contour,
Chaque hideux convive apparaît à son tour ;
On croirait voir l'enfer tourner dans les ténèbres
Son zodiaque affreux, plein de signes funèbres.
Tous volent, dans le cercle emportés à la fois.
Satan règle du pied les éclats de leur voix ;
Et leurs pas, ébranlant les arches colossales,
Troublent les morts couchés sous le pavé des salles.

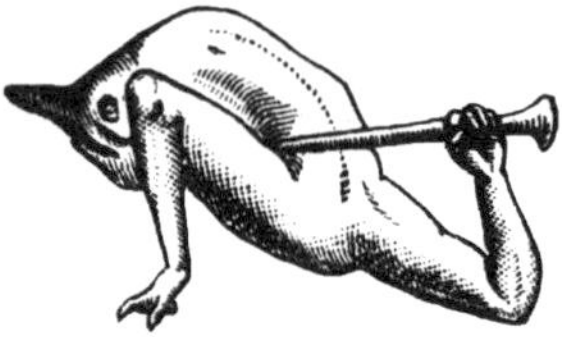

« Mêlons-nous sans choix !
Tandis que la foule
Autour de lui roule,
Satan, joyeux, foule
L'autel et la croix.
L'heure est solennelle.
La flamme éternelle
Semble, sur son aile,
La pourpre des rois ! »

Et leurs pas, ébranlant les arches colossales,
Troublent les morts couchés sous le pavé des salles.

« Oui, nous triomphons !
Venez, sœurs et frères,
De cent points contraires ;
Des lieux funéraires,
Des antres profonds.
L'enfer vous escorte ;
Venez en cohorte
Sur des chars qu'emporte
Le vol des griffons ! »

Et leurs pas, ébranlant les arches colossales,
Troublent les morts couchés sous le pavé des salles.

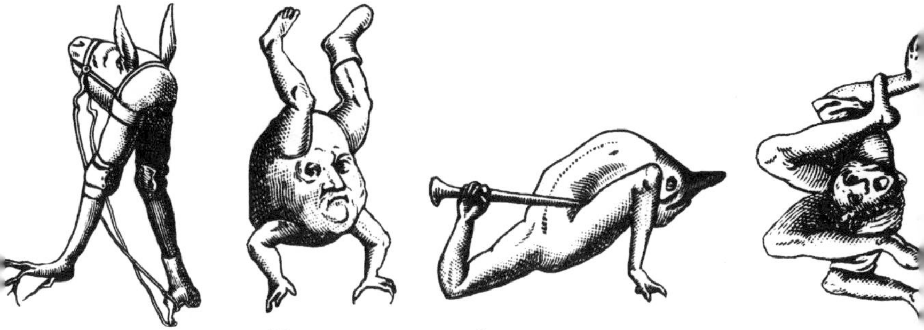

« Venez sans remords,
Nains aux pieds de chèvre,
Goules, dont la lèvre
Jamais ne se sèvre
Du sang noir des morts !
Femmes infernales,
Accourez rivales !
Pressez vos cavales
Qui n'ont point de mors ! »

Et leurs pas, ébranlant les arches colossales,
Troublent les morts couchés sous le pavé des salles.

NUIT DE WALPURGIS

FAUST

Comme la rafale émeut les airs ! De quels coups elle frappe ma nuque !

MÉPHISTOPHÉLÈS

Il te faut saisir les vieilles arêtes des rochers, sinon elle te précipitera dans le tombeau de ces abîmes ! Un brouillard épaissit la nuit. Écoute quels craquements ébranlent les futaies. Les chouettes s'envolent épouvantées. Écoute se fendre les colonnes de palais éternellement verts ! Écoute râler et éclater les branches ! Le grondement puissant des troncs ! Le grincement des racines qui se fendent ! Tout cela tombe à grand fracas en un amas confus et, à travers les défilés encombrés de débris les airs sifflent et hurlent. Entends-tu des voix là-haut ? Tout près ? Oui, tout au long de la montagne court en torrent un furieux chant magique.

SORCIÈRES *en chœur*

Les sorcières vont au Brocken. L'éteule est jaune, les blés sont verts.
Là-haut se rassemble la grande armée. Urian siège au sommet.
Ainsi, par vaux et par monts, l'on va ; la sorcière pète, le bouc pue.

VOIX

La vieille Baubo vient seule, chevauchant une truie.

CHŒUR

Honneur donc à qui honneur revient ! Dame Baubo en tête !
Et nous conduise ! Un beau cochon et maman dessus ; toute
la troupe des sorcières la suit.

VOIX

Par quel chemin arrives-tu ?

VOIX

Par Ilsenstein ! Là, j'ai regardé dans le nid de la chouette.
Elle a fait une paire d'yeux !

VOIX

Oh ! Va en enfer ! À quoi bon aller si vite !

VOIX

Moi, elle m'a écorchée, vois seulement les plaies !

CHŒUR DE SORCIÈRES

La voie est large, la voie est longue. Quelle belle bousculade !
La fourche pique, le balai gratte, l'enfant s'étouffe, la mère éclate.

SORCIERS *(demi-chœur)*

Nous rampons comme l'escargot sous sa coquille. Toutes les femmes sont devant. Car pour aller chez le Malin la femme a mille pas d'avance.

(Autre moitié)

Nous ne prenons pas cela si exactement ! La femme le fait en mille pas ; mais, pour autant qu'elle se hâte, l'homme le fait d'un seul bond.

VOIX *(en haut)*
Venez avec nous du lac des Roches !

DES VOIX *(en bas)*
Nous voudrions bien vous rejoindre là-haut. Nous nous lavons,
nous sommes astiqués à blanc, mais aussi stériles pour toujours.

LES DEUX CHŒURS
Le vent se tait, l'astre s'enfuit ; la lune trouble aime se cacher.
Le chœur magique émet dans sa course cent mille étincelles.

VOIX *(en bas)*
Halte ! Halte !

VOIX *(en haut)*
Qui appelle de la crevasse du rocher ?

VOIX *(en bas)*
Emmenez-moi ! Emmenez-moi ! Il y a trois cents ans
que je grimpe et ne puis atteindre le sommet.
J'aimerais la compagnie de mes semblables.

Traduit par Jean Amsler.

Johann Wolfgang von Goethe (1749-1832). – Comment embrasser l'œuvre complexe et parfois ambiguë ou contradictoire du plus grand génie des lettres allemandes ? Le mieux est de l'aborder par deux œuvres universelles : *Werther* (1774) et *Faust* (1808-1832).

LA REINE DES NEIGES

Les flocons grossirent de plus en plus, ils finirent par être comme de grandes poules blanches ; soudain, elles firent un écart, le grand traîneau s'arrêta, et la personne qui le conduisait se leva, son manteau et son bonnet de fourrure n'étaient que de la neige ; c'était une dame, grande, svelte, d'une blancheur éclatante, c'était la reine des neiges.

– Nous avons fait un bon bout de chemin, dit-elle, mais tu as froid ? Viens te fourrer dans ma peau d'ours.

Et elle le prit dans son traîneau, étendit sur lui sa fourrure, et Kay crut disparaître dans un amas de neige.

– As-tu encore froid ? demanda-t-elle, et elle lui baisa le front.

Aïe, c'était plus froid que la glace, et il en fut pénétré jusqu'à son cœur, qui pourtant était déjà presque un bloc de glace ; il lui sembla qu'il allait mourir... mais cela ne dura qu'un instant, puis il en éprouva du bien ; il ne ressentit plus la froidure qui l'entourait.

– Mon traîneau ! n'oublie pas mon traîneau !

C'est à quoi il pensa tout d'abord ; et le traîneau fut attaché à l'une des poules blanches, qui vola derrière eux en le portant sur son dos. La reine des neiges baisa Kay encore une fois ; alors il oublia la petite Gerda et sa grand-mère et tout le monde chez lui.

– Tu n'auras pas d'autre baiser, dit-elle, car un de plus te tuerait.

Il la regarda, elle était belle, il ne pouvait imaginer un visage plus rayonnant d'intelligence et de charme, elle n'avait plus l'air de glace, comme lorsqu'elle avait été à sa fenêtre et lui avait fait signe : à ses yeux

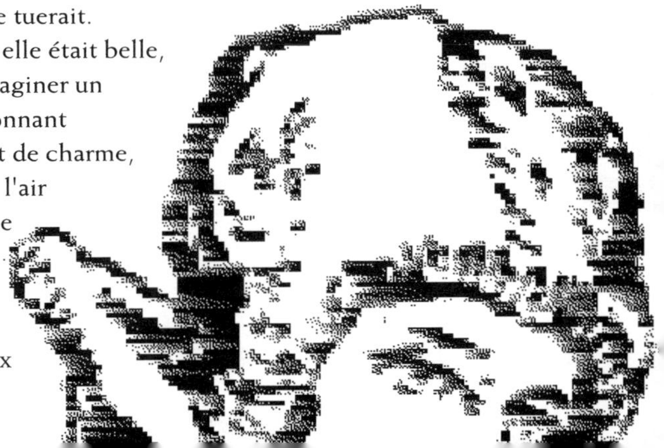

elle était parfaite, il ne sentait aucune crainte, il lui raconta qu'il savait calculer de tête, même avec les fractions, qu'il connaissait la surface des pays, et le nombre des habitants, et elle souriait tout le temps. Et il parut à Kay que tout ce qu'il savait n'était tout de même pas suffisant, et il regarda en l'air dans le vaste espace, et elle s'envola avec lui, s'envola haut jusque sur le nuage noir, et l'orage gronda et mugit, on aurait dit qu'il chantait de vieilles chansons. Ils volèrent au-dessus de forêts et de lacs, de mers et de pays ; au-dessous d'eux le vent froid sifflait, les loups hurlaient, la neige étincelait, les corneilles noires croassaient, mais tout en haut brillait la lune grande et claire, et Kay la contempla toute cette longue nuit d'hiver ; le jour venu, il dormait aux pieds de la reine des neiges.

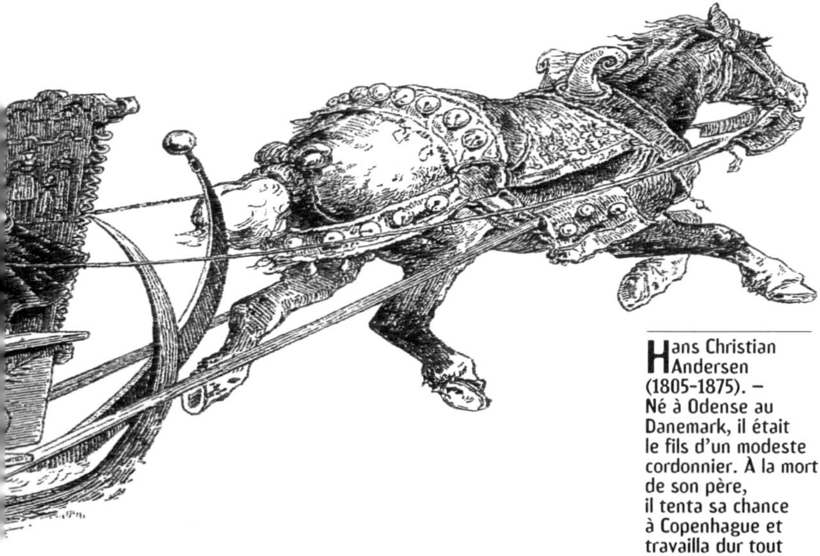

Hans Christian Andersen (1805-1875). – Né à Odense au Danemark, il était le fils d'un modeste cordonnier. À la mort de son père, il tenta sa chance à Copenhague et travailla dur tout en étudiant. Il a écrit des poèmes, des tragédies, des récits humoristiques, mais il est surtout connu pour ses *Contes*.

Traduit du danois par P. G. La Chesnais.

LE ROI DES AULNES

Qui chevauche si tard dans la nuit et le vent ?
C'est le père avec son enfant.
Il serre le jeune garçon dans ses bras,
Il le tient au chaud, il le protège.

– Mon fils pourquoi caches-tu peureusement ton visage ?
– Père, ne vois-tu pas le Roi des Aulnes ?
Le Roi des Aulnes avec sa couronne et sa traîne ?
– Mon fils, c'est une traînée de brume.

– Cher enfant, viens, partons ensemble !
Je jouerai tant de jolis jeux avec toi !
Tant de fleurs émaillent le rivage !
Ma mère a de beaux vêtements d'or.

– Mon père, mon père, mais n'entends-tu pas,
Ce que le Roi des Aulnes me promet tout bas ?
– Du calme, rassure-toi, mon enfant,
C'est le bruit du vent dans les feuilles sèches.

– Veux, fin jeune garçon, -tu venir avec moi ?
Mes filles s'occuperont de toi gentiment.
Ce sont elles qui mènent la ronde nocturne,
Elles te berceront par leurs danses et leurs chants.

– Mon père, mon père, ne vois-tu pas là-bas,
Danser dans l'ombre les filles du Roi des Aulnes ?
– Mon fils, mon fils, je vois bien en effet,
Ces ombres grises, ce sont de vieux saules.

– Je t'aime, ton beau corps me tente,
Si tu n'es pas consentant, je te fais violence !
– Père, père, voilà qu'il me prend !
Le Roi des Aulnes m'a fait mal !

Le père frissonne, il presse son cheval,
Il serre sur sa poitrine l'enfant qui gémit.
À grand-peine, il arrive à la ferme.
Dans ses bras l'enfant était mort.

Traduit par Michel Tournier.

Le Roi des Aulnes, personnage fantastique de la ballade de Goethe, (...) cherche à séduire l'enfant, et finalement l'arrache de force à son père pour le tuer. Ce poème de Goethe, dont un lied *de Schubert devait redoubler la célébrité, a toujours été pour l'écolier français abordant la langue et la littérature allemandes* le *poème allemand par excellence, le symbole même de l'Allemagne. Le plus étrange c'est qu'à l'origine de ce poème se trouve une erreur de traduction de Herder qui popularisa le folklore danois en Allemagne.* Eller, *les elfes, devint sous sa plume* Erlen, *les aulnes, parce que dans le dialecte qu'on parlait à Mohrungen en Prusse-Orientale, ville natale de Herder, l'aulne se disait* Eller. *Or il est peu probable que Goethe se fût intéressé à la légende du banal roi des Elfes. En revanche son imagination s'enflamma à l'évocation si précise et originale de l'aulne, parce que l'aulne est l'arbre noir et maléfique des eaux mortes, tout de même que le saule est l'arbre vert et bénéfique des eaux vives. L'aulne des marécages évoque les plaines brumeuses et les terres mouvantes du Nord, et l'*Erlkönig *l'ogre aérien, amateur d'enfants, qui plane sur ces tristes contrées. (M. T.)*

CHARLEROI

Dans l'herbe noire
Les Kobolds vont.
Le vent profond
Pleure, on veut croire.

Quoi donc se sent ?
L'avoine siffle.
Un buisson gifle
L'œil au passant.

Plutôt des bouges
Que des maisons.
Quels horizons
De forges rouges !

On sent donc quoi ?
Des gares tonnent,
Les yeux s'étonnent,
Où Charleroi ?

Parfums sinistres !
Qu'est-ce que c'est ?
Quoi bruissait
Comme des sistres ?

Sites brutaux !
Oh ! votre haleine,
Sueur humaine,
Cri des métaux !

Dans l'herbe noire
Les Kobolds vont.
Le vent profond
Pleure, on veut croire.

Paul Verlaine (1844-1896). – Très jeune, il publie ses premiers recueils (*Poèmes saturniens*, 1866 ; *Fêtes galantes*, 1869). Puis c'est la rencontre avec Rimbaud, qu'il suit à Bruxelles, puis à Londres. Sa gloire grandit, mais ses crises d'alcoolisme se multiplient : on le retrouve mort le 8 janvier 1896 dans sa chambre, rue Descartes, à Paris.

LES DJINNS

Selon la tradition islamique, Allah créa les anges avec de la lumière, les Djinns avec du feu et les hommes avec de la poussière. Certains affirment que la matière des deuxièmes est un feu obscur sans fumée. Ils furent créés deux mille ans avant Adam mais leur race n'atteindra pas le jour du Jugement Dernier. Al-Quazwînî les définit comme d'« immenses animaux aériens au corps transparent, capables de prendre des formes diverses ». Ils apparaissent d'abord comme des nuages ou comme de hauts piliers sans fin ; puis, selon leur gré, ils adoptent la forme d'un homme, d'un chacal, d'un loup, d'un lion, d'un scorpion ou d'une

couleuvre. Certains sont croyants, d'autres hérétiques ou athées. Avant de tuer un reptile, nous devons lui demander qu'il se retire, au nom du Prophète ; il est permis de le tuer s'il n'obéit pas.
Ils peuvent traverser un mur épais, voler dans les airs ou se rendre soudain invisibles. Ils parviennent souvent au ciel inférieur où ils surprennent la conversation des anges parlant des événements à venir ; cela leur permet d'aider les mages et les devins. Certains docteurs leur attribuent la construction des Pyramides et, par ordre de Salomon, fils de David, qui connaissait le Tout-Puissant Nom de Dieu, celle du Temple de Jérusalem.
Depuis les terrasses et les balcons, ils lapident les gens ; ils ont aussi l'habitude d'enlever de belles femmes. Pour éviter leurs méfaits, il convient d'invoquer le nom d'Allah, le Miséricordieux, le Compatissant. Ils ont coutume de vivre dans les ruines, les maisons inoccupées, les citernes, les rivières et les déserts. Les Égyptiens affirment qu'ils sont la cause des tempêtes de sable. Ils pensent que les étoiles filantes sont des dards lancés par Allah contre les Djinns malfaisants.
Iblis est leur père et leur chef.

Avec la collaboration de Margarita Guerrero.
Traduit de l'espagnol par Françoise Rasset, Gonzalo Estrada et Yves Péneau.

LES DJINNS

Murs, ville,
Et port,
Asile
De mort,
Mer grise
Où brise
La brise,
Tout dort.

Dans la plaine
Naît un bruit.
C'est l'haleine
De la nuit.
Elle brame
Comme une âme
Qu'une flamme
Toujours suit !

La voix plus haute
Semble un grelot.
D'un nain qui saute
C'est le galop.
Il fuit, s'élance,
Puis en cadence
Sur un pied danse
Au bout d'un flot.

La rumeur approche.
L'écho la redit.
C'est comme la cloche
D'un couvent maudit ;
Comme un bruit de foule,
Qui tonne et qui roule,
Et tantôt s'écroule,
Et tantôt grandit.

Dieu ! la voix sépulcrale
Des Djinns !... Quel bruit ils font !
Fuyons sous la spirale
De l'escalier profond.
Déjà s'éteint ma lampe,
Et l'ombre de la rampe,
Qui le long du mur rampe,
Monte jusqu'au plafond.

C'est l'essaim des Djinns qui passe,
Et tourbillonne en sifflant !
Les ifs, que leur vol fracasse,
Craquent comme un pin brûlant.
Leur troupeau, lourd et rapide,
Volant dans l'espace vide,
Semble un nuage livide
Qui porte un éclair au flanc.

Ils sont tout près ! – Tenons fermée
Cette salle, où nous les narguons.
Quel bruit dehors ! Hideuse armée
De vampires et de dragons !
La poutre du toit descellée
Ploie ainsi qu'une herbe mouillée,
Et la vieille porte rouillée
Tremble, à déraciner ses gonds !

Cris de l'enfer ! voix qui hurle et qui pleure !
L'horrible essaim, poussé par l'aquilon,
Sans doute, ô ciel ! s'abat sur ma demeure.
Le mur fléchit sous le noir bataillon.
La maison crie et chancelle penchée,
Et l'on dirait que, du sol arrachée,
Ainsi qu'il chasse une feuille séchée,
Le vent la roule avec leur tourbillon !

Prophète ! si ta main me sauve
De ces impurs démons des soirs,
J'irai prosterner mon front chauve
Devant tes sacrés encensoirs !
Fais que sur ces portes fidèles
Meure leur souffle d'étincelles,
Et qu'en vain l'ongle de leurs ailes
Grince et crie à ces vitraux noirs !

Ils sont passés ! – Leur cohorte
S'envole et fuit, et leurs pieds
Cessent de battre ma porte
De leurs coups multipliés.
L'air est plein d'un bruit de chaînes,
Et dans les forêts prochaines
Frissonnent tous les grands chênes,
Sous leur vol de feu pliés !

De leurs ailes lointaines
Le battement décroît,
Si confus dans les plaines,
Si faible, que l'on croit
Ouïr la sauterelle
Crier d'une voix grêle,
Ou pétiller la grêle
Sur le plomb d'un vieux toit.

D'étranges syllabes
Nous viennent encor :
Ainsi, des Arabes
Quand sonne le cor,
Un chant sur la grève
Par instant s'élève,
Et l'enfant qui rêve
Fait des rêves d'or.

Les Djinns funèbres,
Fils du trépas,
Dans les ténèbres
Pressent leurs pas ;
Leur essaim gronde :
Ainsi, profonde,
Murmure une onde
Qu'on ne voit pas.

Ce bruit vague
Qui s'endort,
C'est la vague
Sur le bord ;
C'est la plainte,
Presque éteinte,
D'une sainte
Pour un mort.

On doute
La nuit...
J'écoute ; –
Tout fuit,
Tout passe ;
L'espace
Efface
Le bruit.

LE TAILLEUR ET LES NAINS

Paskou-le-long, le tailleur,
S'est mis à faire le voleur,
S'est mis à faire le voleur :
Dans la soirée de vendredi
L'est allé à la grotte aux nains
Avec sa pelle pour creuser
Avec sa pelle pour creuser
Rechercher le trésor caché.
Paskou a trouvé le trésor
Et de courir à la maison !
Et de courir à la maison !
Puis sitôt de se mettre au lit.
Fermez la porte, fermez bien,
Voici les petits nains de nuit.
Lundi, mardi et mercredi
Et jeudi et vendredi !
Fermez la porte mes amis,
Voici, voici venir les nains !
Les nains qui entrent dans la cour
Et y dansent comme des fous.
Les nains grimpent sur la maison,
commencent à détruire le toit.
Mon ami tailleur, tu es pris !
Dehors jette le trésor !
Pauvre Paskou, tu es perdu !
Vite, asperge-toi d'eau bénite !
Jette ton drap dessus ta tête
Et demeure là sans bouger !
– Malheur ! Écoutez comme ils rient !
Bien fin qui saurait échapper !
Seigneur Dieu, voici l'un des nains
Passant sa tête par le trou !

Ses yeux rouges comme des braises !
Il glisse le long du pilier
Seigneur, en voici un, deux, trois,
Un, deux, trois qui dansent sur l'aire.
Ils bondissent comme enragés.
Vierge Marie, suis étranglé !
Deux, trois, quatre, cinq nains je vois :
Lundi, mardi et mercredi.
– Ah tailleur, ah petit tailleur,
Tu ronfles dans ton lit, voleur !
Ah tailleur, ah petit tailleur,
Montre-nous donc un peu ton nez !
Fais avec nous un tour de danse,
Nous t'enseignerons la mesure !
Ah tailleur, ah petit tailleur,
Lundi, mardi et mercredi.
Cher tailleur, tu es un voleur,
Lundi, mardi et mercredi !
Viens-t'en, viens nous voler encore
Viens-t'en, méchant petit tailleur !
Nous t'enseignerons une danse
Qui te fera craquer ton dos,
Qui te fera craquer ton dos.
Argent de nain ne vaut rien
Chez Iannik, Iannik-le-Trévou
Avons rôti nos pieds fourchus !
Avons rôti nos pieds fourchus
Et mis en pièces tous ses pots !

L'EFFRAIE

On dit que l'effraie
boit l'huile aux lampes du sanctuaire
dans les églises de village
elle entre par le vitrail brisé
dans ces heures de nuit
quand les doux et les violents s'endorment
quand l'orgueil et l'amour s'épuisent
quand le feuillage rêve.
La bête réchauffe son sang
avec l'huile éclairante et vierge.

Jean Follain (1903-1971). – Avocat, puis magistrat, il publia ses premiers poèmes dans la revue *Sagesse* (1927), puis son premier recueil, *La Main chaude* (1933). Sa poésie s'enracine dans la nature et dans les choses de la vie quotidienne, qui recèlent pour lui le mystère du monde.

VILLANELLE DU DIABLE

À Théodore de Banville.

L'Enfer brûle, brûle, brûle.
Ricaneur au timbre clair,
Le Diable rôde et circule.

Il guette, avance ou recule
En zigzags, comme l'éclair ;
L'Enfer brûle, brûle, brûle.

Dans le bouge et la cellule,
Dans les caves et dans l'air
Le Diable rôde et circule.

Il se fait fleur, libellule,
Femme, chat noir, serpent vert ;
L'Enfer brûle, brûle, brûle.

Puis, la moustache en virgule,
Parfumé de vétiver,
Le Diable rôde et circule.

Partout où l'homme pullule,
Sans cesse, été comme hiver,
L'Enfer brûle, brûle, brûle.

De l'alcôve au vestibule
Et sur les chemins de fer
Le Diable rôde et circule.

C'est le Monsieur noctambule
Qui s'en va, l'œil grand ouvert.
L'Enfer brûle, brûle, brûle. (...)

Maurice Rollinat (1846-1903). – Il commença et termina sa carrière poétique par des œuvres évoquant son Berry natal, mais il fut surtout le poète de la décadence, transportant les spectateurs du *Chat Noir* lorsqu'il disait ou chantait ses œuvres d'un baudelairisme macabre et tourmenté.

LES DÉMONS

Un soir vers la minuit, guide de la jeunesse
Qui commande aux amants, j'allais voir ma maîtresse
Tout seul outre le Loir et, passant un détour
Joignant une grand croix dedans un carrefour,
J'ouïs, ce me semblait, une aboyante chasse
De chiens qui me suivait pas à pas à la trace.
Je vis auprès de moi sur un grand cheval noir
Un homme qui n'avait que les os à le voir,
Me tendant une main pour me monter en croupe ;
J'avisai tout autour une effroyable troupe
De piqueurs qui couraient cette Ombre, qui bien fort
Semblait un usurier qui naguère était mort
Que le peuple pensait pour sa vie méchante !
Être puni là-bas des mains de Rhadamante.
Une tremblante peur me courut par les os,
Bien que j'eusse vêtu la maille sur le dos
Et pris tout ce que prend un amant que la Lune
Conduit tout seul de nuit pour chercher sa fortune,
Dague, tranchante épée, et par surtout un cœur
Qui naturellement n'est sujet à la peur.
Si fussé-je étouffé d'une crainte pressée
Sans Dieu, qui promptement me mit en la pensée
De tirer mon épée et de couper menu
L'air tout autour de moi avecque le fer nu ;
Ce que je fis soudain, et sitôt ils n'ouïrent
Siffler l'épée en l'air que tous s'évanouirent,
Et plus ne les ouïs ni bruire ni marcher,
Craignant peureusement de se sentir hacher
Et tronçonner le corps ; car, bien qu'ils n'aient veines,
Ni artères, ni nerfs, comme nos chairs humaines
Toutefois comme nous ils ont un sentiment !...

Pierre de Ronsard (1524-1585). – Tout le destinait au métier des armes. Atteint de surdité, il choisit la littérature. Fondateur de l'École de la Pléiade, il fut un poète de cour, entouré de princes et de lettrés. Ses œuvres : *Les Odes* (1550-1556), *Les Amours* (1552-1555), *Les Hymnes* (1555-1556), *Les Amours d'Hélène* (1578).

LES TROLLS

En Angleterre, les Walkyries furent reléguées dans les campagnes et dégénérèrent en sorcières ; dans les pays scandinaves les géants de l'ancienne mythologie, qui habitaient en Jotunheim et guerroyaient avec le dieu Thor, furent abaissés au rang de rustiques Trolls. Dans la cosmogonie qui est au début de l'*Edda Majeure*, on lit que lorsque viendra le Crépuscule des Dieux, les géants escaladeront et casseront Bifrost, l'arc-en-ciel, et qu'ils détruiront le monde, secondés par un loup et un serpent ; pour la superstition populaire, les Trolls sont des Elfes méchants et stupides qui vivent dans les grottes des montagnes ou dans des huttes légères. Les Trolls les plus remarquables sont dotés de deux ou trois têtes.

Le poème dramatique *Peer Gynt* (1867) d'Ibsen assure leur célébrité. Ibsen imagine que les Trolls sont, avant tout, nationalistes ; ils croient ou s'efforcent de croire que le breuvage atroce qu'ils fabriquent est délicieux et que leurs grottes sont des palais. Pour que Peer Gynt ne s'aperçoive pas de leur entourage sordide, ils proposent de lui arracher les yeux.

Avec la collaboration
de Margarita Guerrero.

LA CHAMBRE GOTHIQUE

Nox et solitudo plenæ sunt diabolo.
Les Pères de l'Église.
(La nuit, ma chambre est pleine de diables.)

– « Oh ! la terre, – murmurai-je à la nuit, – est un calice embaumé dont le pistil et les étamines sont la lune et les étoiles ! »

Et les yeux lourds de sommeil, je fermai la fenêtre qu'incrusta la croix du calvaire, noire dans la jaune auréole des vitraux.

*

Encore, – si ce n'était à minuit, – l'heure blasonnée de dragons et de diables ! – que le gnome qui se soûle de l'huile de ma lampe !

Si ce n'était que la nourrice qui berce avec un chant monotone, dans la cuirasse de mon père, un petit enfant mort-né !

Si ce n'était que le squelette du lansquenet emprisonné dans la boiserie, et heurtant du front, du coude et du genou !

Si ce n'était que mon aïeul qui descend en pied de son cadre vermoulu, et trempe son gantelet dans l'eau bénite du bénitier !

Mais c'est Scarbo qui me mord au cou, et qui, pour cautériser ma blessure sanglante, y plonge son doigt de fer rougi à la fournaise !

SCARBO

Mon Dieu, accordez-moi, à l'heure de ma mort, les prières d'un prêtre, un linceul de toile, une bière de sapin et un lieu sec.
Les Patenôtres de M. le Maréchal.

– « Que tu meures absous ou damné, – marmottait Scarbo cette nuit à mon oreille, – tu auras pour linceul une toile d'araignée, et j'ensevelirai l'araignée avec toi ! »

– « Oh ! que du moins j'aie pour linceul, lui répondais-je, les yeux rouges d'avoir tant pleuré, – une feuille du tremble dans laquelle me bercera l'haleine du lac. »

– « Non ! – ricanait le nain railleur, – tu serais la pâture de l'escarbot qui chasse, le soir, aux moucherons aveuglés par le soleil couchant ! »

– « Aimes-tu donc mieux, – lui répliquais-je larmoyant toujours, – aimes-tu donc mieux que je sois sucé d'une tarentule à la trompe d'éléphant ? »

– « Eh bien, – ajouta-t-il, – console-toi, tu auras pour linceul les bandelettes tachetées d'or d'une peau de serpent, dont je t'emmailloterai comme une momie.

Et de la crypte ténébreuse de Saint-Bénigne, où je te coucherai debout contre la muraille, tu entendras à loisir les petits enfants pleurer dans les limbes. »

QUE VOIENT-ILS ?

Jamais veilleur ne fut si loin aventuré
face à la nuit grouillante de plumages :
chauves-souris à têtes d'enfants, oiseaux
mordeurs et sorcières velues qui jacassent.
Plus loin, dans le ciel lunaire, on dirait
une citadelle aux murs brutaux où seul
un œil fendu faiblement brille,
tandis que l'immense gris des nuages
bouillonne comme un breuvage maléfique.
Petits, perdus, l'homme et le chien
tendent le nez, leurs épaules tombent,
ils tremblent.

(D'après Goya)

J'ENTENDS UNE ARMÉE QUI CHARGE SUR CETTE TERRE

1907

J'entends une armée qui charge sur cette terre
Et le tonnerre de chevaux qui plongent, de l'écume aux genoux ;
Arrogants, en armure noire, derrière eux se dressent,
Fouets au vent, dédaigneux des rênes, les conducteurs de chars.

Ils crient à la nuit leur nom de combat :
Je gémis dans mon sommeil en entendant au loin leur rire tournoyer.
D'une flamme aveuglante fendant la nuit des rêves,
Ils martèlent le cœur comme fer sur l'enclume.

Ils viennent, secouant en triomphe leurs longues chevelures vertes :
Ils sortent de la mer et courent en hurlant le long de la grève.
Mon cœur, n'as-tu pas de sagesse, que tu désespères ainsi ?
Mon amour, mon amour, mon amour, pourquoi m'as-tu laissé seul ?

Traduit par Jacques Borel.

James Joyce (1882-1941). – Poète et romancier irlandais, son œuvre majeure reste *Ulysse*, "sa cathédrale de prose", mais il a publié également des recueils de poèmes (*Musique de chambre*, 1907; *Dix sous de poèmes*, 1927). Il a créé une écriture en métamorphose permanente, qui témoigne d'une vision du monde universelle.

NATURE MORTE

Des coucous l'*Angelus* funèbre
A fait sursauter, à ténèbre,
Le coucou, pendule du vieux,

Et le chat-huant, sentinelle,
Dans sa carcasse à la chandelle
Qui flamboie à travers ses yeux.

– Écoute se taire la chouette...
– Un cri de bois : C'est *la brouette*
De la Mort, le long du chemin...

Et, d'un vol joyeux, la corneille
Fait le tour du toit où l'on veille
Le défunt qui s'en va demain.

Tristan Corbière (1845-1875). – Il eut une vie totalement solitaire. Atteint de rhumatismes, il ne put jamais devenir le marin, l'aventurier qu'il rêvait d'être. Il se réfugia dans les livres, la dérision. Son unique recueil, *Les Amours jaunes*, révèle le génie d'un homme torturé et lucide.

LA RONDE SOUS LA CLOCHE

À M. Louis Boulanger, peintre.

C'était un bâtiment lourd, presque carré, entouré de ruines, et dont la tour principale, qui possédait encore son horloge, dominait tout le quartier.
Fenimore Cooper

Douze magiciens dansaient une ronde sous la grosse cloche de Saint-Jean. Ils évoquèrent l'orage l'un après l'autre, et du fond de mon lit je comptai avec épouvante douze voix qui traversèrent processionnellement les ténèbres.

Aussitôt la lune courut se cacher derrière les nuées, et une pluie mêlée d'éclairs et de tourbillons fouetta ma fenêtre, tandis que les girouettes criaient comme des grues en sentinelle sur qui crève l'averse dans les bois.

La chanterelle de mon luth, appendu à la cloison, éclata ; mon chardonneret battit de l'aile dans sa cage ; quelque esprit curieux tourna un feuillet du Roman-de-la-Rose qui dormait sur mon pupitre.

Mais soudain gronda la foudre au haut de Saint-Jean. Les enchanteurs s'évanouirent frappés à mort, et je vis de loin leurs livres de magie brûler comme une torche dans le noir clocher.

Cette effrayante lueur peignait des rouges flammes du purgatoire et de l'enfer les murailles de la gothique église, et prolongeait sur les maisons voisines l'ombre de la statue gigantesque de Saint-Jean.

Les girouettes se rouillèrent ; la lune fondit les nuées gris de perle ; la pluie ne tomba plus que goutte à goutte des bords du toit, et la brise, ouvrant ma fenêtre mal close, jeta sur mon oreiller les fleurs de mon jasmin secoué par l'orage.

LA LÉGENDE DE LA FILLE AUX YEUX NOIRS

À l'heure, où le hibou hurle ses chants funèbres,
Qui donc gémit ainsi ?
Qui donc ose venir pleurer, dans les ténèbres,
Sur le morne obscurci ?

D'où partent ces éclats de rire ? Ce phosphore,
Pourquoi va-t-il lécher
Des deux crânes jaunis, que le ver mange encore,
Et qu'il devra sécher ?

Est-ce pour voir passer un voyageur nocturne
Que ce grand aigle noir,
Là-bas, sur ce tombeau, dont il a brisé l'urne
Est accouru s'asseoir ?

Qui sait ? Mais, chaque soir, quand se lève la lune
Deux squelettes hideux, poussant des cris confus,
Foulent, autour de lui, le sable de la dune,
Avec leurs pieds fourchus.

1848

CAUCHEMAR

Bisoy quen ne consquaff a maru goru ne maniaff.
Ancien proverbe breton.
Jamais je ne dors que je ne meure de mort amère.

Les goules de l'abyme,
Attendant leur victime,
Ont faim :
Leur ongle ardent s'allonge,
Leur dent en espoir ronge
Ton sein

Avec ses nerfs rompus, nue main écorchée,
Qui marche sans le corps dont elle est arrachée,
Crispe ses doigts crochus armés d'ongles de fer
Pour me saisir ; des feux pareils aux feux d'enfer
Se croisent devant moi ; dans l'ombre, des yeux fauves
Rayonnent ; des vautours, à cous rouges et chauves,
Battent mon front de l'aile en poussant des cris sourds ;
En vain pour me sauver je lève mes pieds lourds,
Des flots de plomb fondu subitement les baignent,
À des pointes d'acier ils se heurtent et saignent,
Meurtris et disloqués ; et mon dos cependant,
Ruisselant de sueur, frissonne au souffle ardent
De naseaux enflammés, de gueules haletantes :
Les voilà, les voilà ! dans mes chairs palpitantes
Je sens des becs d'oiseaux avides se plonger,
Fouiller profondément, jusqu'aux os me ronger,
Et puis des dents de loups et de serpents qui mordent

Comme une scie aiguë, et des pinces qui tordent ;
Ensuite le sol manque à mes pas chancelants :
Un gouffre me reçoit ; sur des rochers brûlants,
Sur des pics anguleux que la lune reflète,
Tremblant, je roule, roule, et j'arrive squelette
Dans un marais de sang ; bientôt, spectres hideux,
Des morts au teint bleuâtre en sortent deux à deux,
Et, se penchant vers moi, m'apprennent les mystères
Que le trépas révèle aux pâles feudataires
De son empire ; alors, étrange enchantement,
Ce qui fut moi s'envole, et passe lentement
À travers un brouillard couvrant les flèches grêles
D'une église gothique aux moresques dentelles.
Déchirant une proie enlevée au tombeau,
En me voyant venir, tout joyeux, un corbeau
Croasse, et, s'envolant aux steppes de l'Ukraine,
Par un pouvoir magique à sa suite m'entraîne,
Et j'aperçois bientôt, non loin d'un vieux manoir,
À l'angle d'un taillis, surgir un gibet noir
Soutenant un pendu ; d'effroyables sorcières
Dansent autour, et moi, de fureurs carnassières
Agité, je ressens un immense désir
De broyer sous mes dents sa chair, et de saisir,
Avec quelque lambeau de sa peau bleue et verte,
Son cœur demi-pourri dans sa poitrine ouverte.

Théophile Gautier (1811-1872). – Il se préparait à être peintre, mais la fréquentation des cénacles romantiques l'incita à écrire. Il participa à la bataille d'*Hernani*, en 1830; la même année, il publia ses premières *Poésies*, puis *La Comédie de la mort* (1838). Sa poésie annonce le Parnasse par sa forme impeccable.

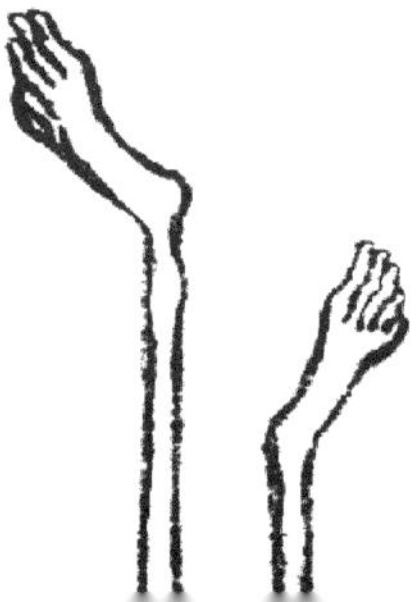

LA NUIT
LE SILENCE ET L'AU-DELÀ

Un soupir dans l'espace énorme

Puis une voix murmure :

« Gontran, es-tu là ? »

Pas de réponse

Des pas s'en vont comme les nuages.

JE VIENDRAI PRÈS DE TOI QUAND TON CŒUR SERA TRISTE

Je viendrai près de toi quand ton cœur sera triste.
J'emplirai de clarté ta chambre emplie de nuit
Quand s'estompent le jour et sa rumeur bruyante
Quand s'étend l'ombre désolée
Où frissonne le soir.

Je viendrai quand l'ennui de ton cœur excédé
Te tiendra dans ses chaînes ;
Alors, ma volonté s'emparant de la tienne,
Tandis que mon chagrin se fera plus profond
Que ta joie ne sera plus qu'une cendre froide
Emportera ton âme au loin.

Écoute ! voici l'heure
Le moment suprême pour toi :
Ne sens-tu pas s'abattre sur ton âme
Un flot de sensations étranges,
Signes avant-coureurs d'une force plus rude,
Hérauts de l'esprit que je suis ?

Traduit par Mireille Best.

Emily Jane Brontë (1818-1848). – Élevée dans un cercle familial fermé, elle s'adonna très tôt, avec ses sœurs Charlotte et Anne et son frère Patrick Branwell, à la littérature. Célèbre pour son unique roman, *Les Hauts de Hurlevent* (1847), elle fut également un poète de talent, au lyrisme parfois désespéré.

LE REVENANT

Comme les anges à l'œil fauve,
Je reviendrai dans ton alcôve
Et vers toi glisserai sans bruit
Avec les ombres de la nuit,

Et je te donnerai, ma brune,
Des baisers froids comme la lune
Et des caresses de serpent
Autour d'une fosse rampant.

Quand viendra le matin livide,
Tu trouveras ma place vide,
Où jusqu'au soir il fera froid.

Comme d'autres par la tendresse,
Sur ta vie et sur ta jeunesse,
Moi, je veux régner par l'effroi.

Charles Baudelaire (1821-1867). – Après une enfance triste, il étudie le droit, voyage, participe à la révolution de 1848 et publie ses premiers poèmes. Traducteur d'Edgar Poe, il fait paraître en 1857 son recueil *Les Fleurs du mal*. Le poète et l'éditeur sont condamnés pour outrage à la morale publique et Baudelaire doit retirer six poèmes. Cet arrêt ne sera cassé qu'en 1949.

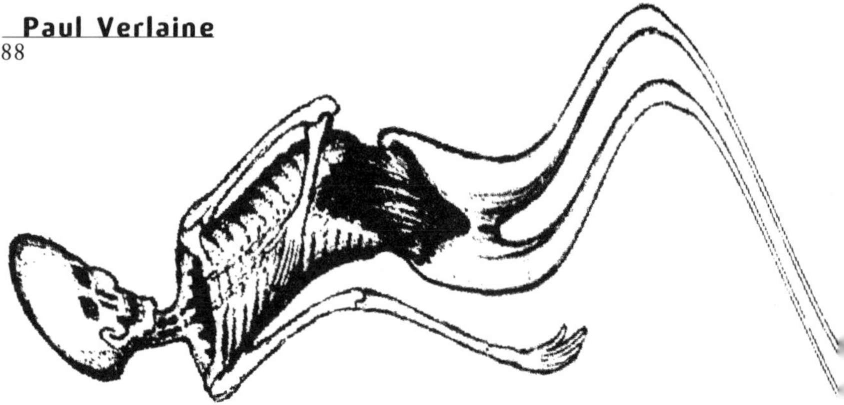

LE SQUELETTE

À Albert Mérat.

Deux reîtres soûls, courant les champs, virent parmi
La fange d'un fossé profond, une carcasse
Humaine dont la faim torve d'un loup fugace
Venait de disloquer l'ossature à demi.

La tête, intacte, avait un rictus ennemi
Qui nous attriste, nous énerve et nous agace.
Or, peu mystiques, nos capitaines Fracasse
Songèrent (John Falstaff lui-même en eût frémi)

Qu'ils avaient bu, que tout vin bu filtre et s'égoutte,
Et qu'en outre ce mort avec son chef béant
Ne serait pas fâché de boire aussi, sans doute.

Mais comme il ne faut pas insulter au Néant,
Le squelette s'étant dressé sur son séant
Fit signe qu'ils pouvaient continuer leur route.

UNE GRAVURE FANTASTIQUE

Ce spectre singulier n'a pour toute toilette,
Grotesquement campé sur son front de squelette,
Qu'un diadème affreux sentant le carnaval.
Sans éperons, sans fouet, il essouffle un cheval,
Fantôme comme lui, rosse apocalyptique,
Qui bave des naseaux comme un épileptique.
Au travers de l'espace ils s'enfoncent tous deux,
Et foulent l'infini d'un sabot hasardeux.
Le cavalier promène un sabre qui flamboie
Sur les foules sans nom que sa monture broie,
Et parcourt, comme un prince inspectant sa maison,
Le cimetière immense et froid, sans horizon,
Où gisent, aux lueurs d'un soleil blanc et terne,
Les peuples de l'histoire ancienne et moderne.

COLLOQUE SENTIMENTAL

Dans le vieux parc solitaire et glacé
Deux formes ont tout à l'heure passé.

Leurs yeux sont morts et leurs lèvres sont molles,
Et l'on entend à peine leurs paroles.

Dans le vieux parc solitaire et glacé
Deux spectres ont évoqué le passé.

– Te souvient-il de notre extase ancienne ?
– Pourquoi voulez-vous donc qu'il m'en souvienne ?

– Ton cœur bat-il toujours à mon seul nom ?
Toujours vois-tu mon âme en rêve ? – Non.

– Ah ! les beaux jours de bonheur indicible
Où nous joignions nos bouches ! – C'est possible.

– Qu'il était bleu, le ciel, et grand l'espoir !
– L'espoir a fui, vaincu, vers le ciel noir.

Tels ils marchaient dans les avoines folles,
Et la nuit seule entendit leurs paroles.

LÉGENDES

La berline versa. Il en sortit
le diable accompagné d'un nain
et d'un chien noir qui criaient de même voix,
levant sur le marais un orage d'oiseaux.
Les paysans se signaient, un éclair
trancha le ciel, la nuit tomba
comme un rideau sur la scène sanglante
où gémissaient les âmes.
Plus tard naquirent des enfants couleur de feu,
des bêtes monstrueuses,
mi-chien, mi-homme,
des fleurs velues.

L'aïeule file les légendes. L'enfant écoute,
un coude sur la table où grondent des mouches.
Déjà suinte la nuit dans le jardin
tandis que sur la route, déserte encore,
s'approche le bruit sinistre d'un galop.

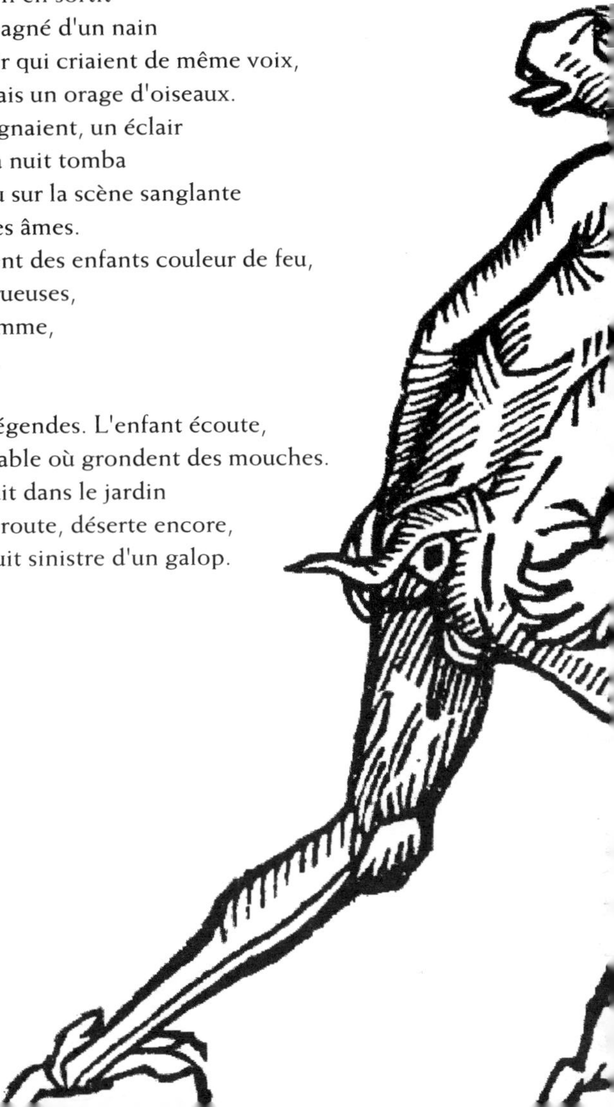

LA BANSHEE

Il semble que personne ne l'ait vue ; c'est moins une forme qu'un gémissement qui glace d'horreur les nuits de l'Irlande et – selon l'ouvrage de Sir Walter Scott sur les démons et les sorciers – celles des régions montagneuses de l'Écosse. Elle annonce, sous les fenêtres des gens, la mort de quelqu'un de la famille. Elle est un privilège particulier de certains lignages de pur sang celte, sans mélange latin, saxon ou scandinave. On l'entend aussi dans le Pays de Galles et en Bretagne. Elle appartient à la race des fées. On appelle son gémissement le *keening*.

Avec la collaboration de Margarita Guerrero.

ÉNÉIDE

(...) Trois jours incertains, dans une obscurité aveuglante, nous avons été perdus sur les eaux, et trois nuits sans étoiles. Le quatrième jour enfin la terre se leva à l'horizon ; nous découvrons au loin des montagnes et des spirales de fumée. On replie les voiles ; les matelots se courbent sur les rames, et, sans reprendre haleine, de toute leur force, ils font jaillir l'écume et balaient l'eau sombre. Sauvé de la tempête, ce fut le rivage des Strophades qui me reçut tout d'abord. Les Grecs ont nommé Strophades les îles qui se dressent dans la grande mer Ionienne et qu'habitent l'exécrable Céléno et les autres Harpyes, depuis que la maison de Phinée leur fut fermée et que la crainte les chassa de leurs premières tables. Aucun monstre plus lugubre, aucun fléau plus cruel, enfanté par la colère des dieux, n'a émergé des eaux du Styx : un visage de fille et des ailes, un ventre qui lâche des immondices, des griffes aux doigts, et toujours la pâleur de la faim.

« À peine étions-nous entrés au port où nous avait poussés l'orage, voici que nous apercevons çà et là dans la plaine des troupeaux florissants de bœufs et une troupe de chèvres, sans gardien, au milieu des herbages. Nous fonçons sur eux le fer à la main, en invitant les dieux et Jupiter lui-même au partage du butin. Puis au fond de la baie nous dressons des lits de verdure

et nous nous régalons de ces chairs succulentes. Mais tout à coup de la montagne, glissement horrible dans l'air, les Harpyes s'abattent près de nous et secouent leurs ailes à grands cris ; elles arrachent nos mets, souillent tout de leur contact immonde ; et de plus leur voix est sinistre à travers leurs fétides odeurs. Retirés dans un long enfoncement sous une roche creuse [tout autour une clôture d'arbres et le mystère de leur ombre], nous réinstallons nos tables, nous replaçons le feu sur l'autel : aussitôt d'un autre point du ciel et de ses retraites obscures, leur horde revient en tumulte ; elles volent autour de leur proie, les pieds crochus, et leur bouche infecte nos plats. Je commande alors à mes compagnons de prendre les armes et de faire la guerre à l'infernale engeance. Ils obéissent à mes ordres : ils posent en les dissimulant leurs épées dans les herbes et y cachent leurs boucliers. Dès que le vol des Harpyes retentit dans les sinuosités du rivage, Misène, du haut de son observatoire, donne le signal en sonnant de la trompette. Mes compagnons s'élancent, et, dans ce combat d'un nouveau genre, essaient de blesser ces sinistres oiseaux de la mer. Mais les coups se perdent dans leurs plumes, et leur dos est invulnérable. D'une fuite rapide, elles filent vers le ciel, nous laissant des mets à demi rongés et les traces de leurs déjections.

« Une seule est restée, posée sur le haut de la roche, Céléno, prophétesse de mauvais augure : "C'est donc la guerre ? nous crie-t-elle. C'est donc que, pour avoir massacré nos bœufs, abattu nos jeunes taureaux, vous voulez encore, race de Laomédon, nous apporter la guerre et chasser de leur royaume paternel les Harpyes qui ne vous ont rien fait ? Eh bien, écoutez et retenez ce que je vais vous dire. Moi, l'aînée des Furies, je vous révèle des choses qui ont été prédites

à Phébus par le Père tout-puissant, à moi par Phébus Apollon. Vous cherchez à gagner l'Italie en appelant sur votre course la faveur des vents : vous irez en Italie, et il vous sera permis d'entrer dans les ports. Mais vous ne ceindrez pas de ses remparts la ville qui vous est destinée avant que l'exécrable faim n'ait puni votre attentat contre nous en vous réduisant à broyer dans vos mâchoires et à dévorer vos tables." Elle dit et d'un coup d'aile s'enfuit dans la forêt. Le sang de mes compagnons, glacé de terreur, s'est subitement arrêté dans leurs veines ; leur courage est tombé. Plus d'armes : ils ne veulent que des vœux et des prières pour obtenir la paix, qu'elles soient des déesses ou d'impurs et sinistres oiseaux. Et du rivage, mon père Anchise, les paumes tournées vers le ciel, invoque les grandes Puissances divines et leur promet de justes sacrifices : "Dieux, écartez ces menaces ! Dieux, détournez de nous ce malheur ! Soyez-nous favorables et préservez ceux qui vous vénèrent." » (...)

Virgile. – Né près de Mantoue en 70 av. J.-C., il deviendra le plus illustre des poètes latins et son œuvre est l'un des fondements de la culture européenne. Protégé par Auguste et son ministre Mécène, il compose *Les Bucoliques*, puis *Les Géorgiques* et, rêvant d'égaler Homère, entreprend *L'Énéide*. Inachevé à sa mort, en 19 av. J.-C., l'ouvrage sera publié sur l'injonction d'Auguste.

LA SIRÈNE

Sirène la mer hante,
Dans la tempête chante
Et pleure par beau temps,
Car tel est son talent.
De femme elle a la forme
Jusques à la ceinture.
Et les pieds de faucon
Et la queue d'un poisson.
Quand se veut réjouir,
Haut et clair elle chante
Et quand le nautonier
Qui va sur mer l'entend
Il en oublie sa nef
Et bientôt il s'endort.
Gardez-en la mémoire,
Car cela a du sens.

Que sont sirènes ? Sont
Richesses de ce monde :
La mer montre ce monde,
La nef, gens qui y sont,
L'âme est le nautonier,
La nef, le corps qui nage.
Sachez que font souvent
Les richesses du monde
Pécher l'âme et le corps :
C'est nef et nautonier,
L'âme en péché s'endort
Pour ensuite périr.

Les richesses du monde
Font de grandes merveilles :
Elles parlent et volent,
Vous tirent par les pieds
Et vous noient. Pour cela
Et de cette façon
Les sirènes peignons :
Le riche a la parole,
Sa renommée s'envole ;
Les pauvres, il les étreint,
Les attire et les noie.

Sirène est du même être,
Chante dans la tempête
Comme richesse au monde
Aux riches confondue.
C'est chanter en tempête,
Quand richesse est si maître
Que pour elle on se pend
Et se tue de tourments.

La sirène en beau temps
Pleure et se plaint toujours.
Quand on laisse richesse
Et pour Dieu la méprise,
C'est alors la belle heure
Et la richesse pleure :
Sachez ce que veut dire
Richesse en cette vie.

Philippe de Thaun (XIIe siècle). – Il est connu par son *Bestiaire*, l'un des premiers ouvrages du genre, où il mêle à l'histoire naturelle la légende et à ses descriptions des considérations morales. Il rédigea son œuvre en Angleterre.

L'ODYSSÉE

(...) Elle me dit alors, cette auguste Circé :

– Vous voilà donc au bout de ce premier voyage ! écoute maintenant ce que je vais te dire, et qu'un dieu quelque jour t'en fasse souvenir !

« Il vous faudra d'abord passer près des Sirènes. Elles charment tous les mortels qui les approchent. Mais bien fou qui relâche pour entendre leurs chants ! Jamais en son logis, sa femme et ses enfants ne fêtent son retour : car, de leurs fraîches voix, les Sirènes le charment, et le pré, leur séjour, est bordé d'un rivage tout blanchi d'ossements et de débris humains, dont les chairs se corrompent... Passe sans t'arrêter ! Mais pétris de la cire à la douceur de miel et, de tes compagnons, bouche les deux oreilles : que pas un d'eux n'entende ; toi seul, dans le croiseur, écoute, si tu veux ! mais, pieds et mains liés, debout sur l'emplanture, fais-toi fixer au mât pour goûter le plaisir d'entendre la chanson, et, si tu les priais, si tu leur commandais de desserrer les nœuds, que tes gens aussitôt donnent un tour de plus ! Quand tes rameurs auront dépassé les Sirènes, – je ne t'assigne pas d'ici tout le parcours ; à toi, de décider, – deux routes s'offriront ; les voici toutes deux. On trouve, d'un côté, les Pierres du Pinacle, où rugit le grand flot azuré d'Amphitrite : chez les dieux fortunés, on les appelle Planktes.

« La première ne s'est jamais laissé frôler des oiseaux, même pas des timides colombes, qui vont à Zeus le père apporter l'ambroisie ; mais le chauve rocher, chaque fois, en prend une que Zeus doit remplacer pour rétablir le nombre. La seconde ne s'est jamais laissé doubler par un vaisseau des hommes ; mais, planches du navire et corps des matelots, tout est pris par la vague et par des tourbillons de feu dévastateur. Un seul des grands vaisseaux de mer put échapper : ce fut Argo, rentrant du pays d'Aiétès, cet Argo que, partout, vont chantant les aèdes ; le flot l'avait jeté contre ces grandes Pierres ; mais Héra, pour l'amour de Jason, le sauva.

« L'autre route vous mène entre les Deux Écueils. L'un, dans les champs du ciel, pointe une cime aiguë, que couronne en tout temps une sombre nuée, et rien ne l'en délivre ; ni l'été ni l'automne, il ne plonge en l'azur ; aucun homme mortel, quand bien même il aurait vingt jambes et vingt bras, ne saurait ni monter ni se tenir là-haut ; la roche en est trop lisse ; on la croirait polie. À mi-hauteur, se creuse une sombre caverne, qui s'ouvre, du côté du noroît, vers l'Érèbe : du fond de ton vaisseau, c'est sur elle qu'il faut gouverner, noble Ulysse ! Mais, du fond du vaisseau, le plus habile archer ne saurait envoyer sa flèche en cette cave, où Skylla, la terrible aboyeuse, a son gîte : sa voix est d'une chienne, encor toute petite ; mais c'est un monstre affreux, dont la vue est sans charme et, même pour un dieu, la rencontre sans joie. Ses pieds, – elle en a douze, – ne sont que des moignons ; mais sur six cous géants, six têtes effroyables ont, chacune en sa gueule, trois rangs de dents serrées, imbriquées, toutes pleines des ombres de la mort. Enfoncée à mi-corps dans le creux de la roche, elle darde ses cous hors de l'antre terrible et pêche de là-haut, tout autour de l'écueil que fouille son regard, les dauphins et les chiens de mer et, quelquefois, l'un de ces plus grands monstres que nourrit par milliers la hurlante Amphitrite. Jamais homme de mer ne s'est encor vanté d'avoir fait passer là sans dommage un navire : jusqu'au fond des bateaux à la proue azurée, chaque gueule du monstre vient enlever un homme. » (...)

Traduit par Victor Bérard.

Homère. – Le plus illustre et le plus ancien des poètes grecs est peut-être né à Smyrne ou sur l'île de Chios. On ignore presque tout de sa vie. La légende rapporte qu'il était aveugle, cette infirmité étant interprétée comme un signe d'inspiration des dieux. En fait, Homère était certainement un aède, un poète qui se déplaçait de ville en ville.

LES LÉMURES

On leur donna aussi le nom de « larves ». À la différence des dieux Lares de la famille, qui protégeaient les habitants de la maison, les Lémures, qui étaient les âmes des morts damnés, erraient de par le monde en semant la terreur parmi les hommes. Ils torturaient impartialement les impies et les justes. Dans la Rome antérieure à l'ère chrétienne, on célébrait des fêtes en leur honneur durant le mois de mai. Ces fêtes s'appelaient les Lémuries. Elles avaient été instituées par Romulus, pour apaiser l'âme de Rémus, qu'il avait fait exécuter. Une épidémie avait ravagé Rome et l'oracle, consulté par Romulus, avait conseillé ces fêtes annuelles qu'on célébrait pendant trois nuits. On fermait les temples des autres divinités et les mariages étaient interdits. On avait coutume de jeter des fèves sur les tombes et de les faire brûler car la fumée faisait fuir les Lémures. Le bruit des tambours et les formules magiques les faisaient également déguerpir.
Le lecteur curieux peut consulter *Les Fastes* d'Ovide.

Avec la collaboration de Margarita Guerrero.

LES QUATRE SANS COU

Ils étaient quatre qui n'avaient plus de tête,
Quatre à qui l'on avait coupé le cou,
On les appelait les quatre sans cou.

Quand ils buvaient un verre,
Au café de la place ou du boulevard,
Les garçons n'oubliaient pas d'apporter des entonnoirs.

Quand ils mangeaient, c'était sanglant,
Et tous quatre chantant et sanglotant,
Quand ils aimaient, c'était du sang.

Quand ils couraient, c'était du vent,
Quand ils pleuraient, c'était vivant,
Quand ils dormaient, c'était sans regret.

Quand ils travaillaient, c'était méchant,
Quand ils rôdaient, c'était effrayant,
Quand ils jouaient, c'était différent,

Quand ils jouaient, c'était comme tout le monde,
Comme vous et moi, vous et nous et tous les autres,
Quand ils jouaient, c'était étonnant.

Mais quand ils parlaient, c'était d'amour.
Ils auraient pour un baiser
Donné ce qui leur restait de sang.

Leurs mains avaient des lignes sans nombre
Qui se perdaient parmi les ombres
Comme des rails dans la forêt.

Quand ils s'asseyaient, c'était plus majestueux que des rois
Et les idoles se cachaient derrière leurs croix
Quand devant elles ils passaient droits.

On leur avait rapporté leur tête
Plus de vingt fois, plus de cent fois,
Les ayant retrouvés à la chasse ou dans les fêtes.

Mais jamais ils ne voulurent reprendre
Ces têtes où brillaient leurs yeux,
Où les souvenirs dormaient dans leur cervelle.

Cela ne faisait peut-être pas l'affaire
Des chapeliers et des dentistes.
La gaieté des uns rend les autres tristes.

Les quatre sans cou vivent encore, c'est certain.
J'en connais au moins un
Et peut-être aussi les trois autres.

Le premier, c'est Anatole,
Le second, c'est Croquignole,
Le troisième, c'est Barbemolle,
Le quatrième, c'est encore Anatole.

Je les vois de moins en moins,
Car c'est déprimant, à la fin,
La fréquentation des gens trop malins.

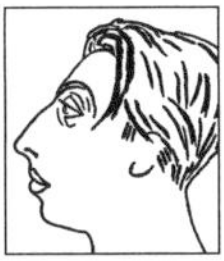

Robert Desnos (1900-1945). – Mobilisé en 1939, il rejoignit la Résistance en 1942. Déporté, il est mort peu après la libération du camp de Terezin. Son œuvre, pleine de fantaisie et d'une grande liberté d'esprit, est multiple; pour les enfants, il a écrit notamment *Chantefables et Chantefleurs* (1944).

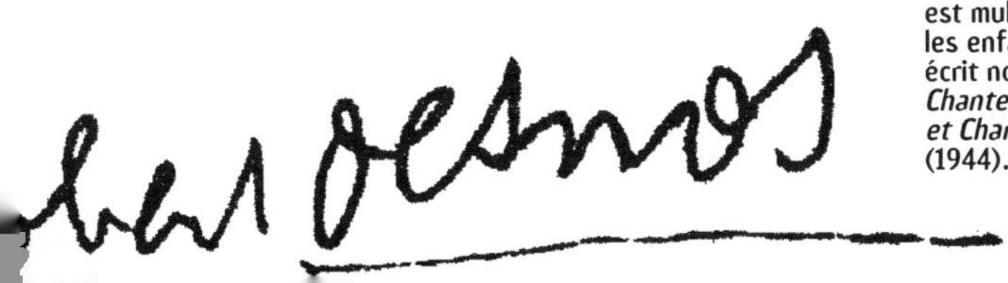

TABLE DES MATIÈRES

72. Maurice Rollinat, Villanelle du diable (*Anthologie de la poésie française du XIX*[e] *siècle*, Poésie/Gallimard)

73. Pierre de Ronsard, Les Démons (*Poésies choisies*, Garnier, 1969)

74. Jorge Luis Borges, Les Trolls (*Le Livre des êtres imaginaires*)

76. Aloysius Bertrand, Scarbo (*Gaspard de la Nuit*)

78. Jean Joubert, Que voient-ils ? (*Anthologie personnelle*, Actes Sud, 1997)

79. James Joyce, "J'entends une armée qui charge sur cette terre…" (*Musique de chambre*, Gallimard, 1967)

80. Tristan Corbière, Nature morte (*Les Amours jaunes*, 1873)

81. Aloysius Bertrand, La Ronde sous la cloche (*Gaspard de la Nuit*)

82. Joseph Lenoir, La Légende de la fille aux yeux noirs (*L'Avenir*, 1848)

83. Théophile Gautier, Cauchemar (*La Comédie de la mort et autres poèmes*, La Différence, 1994)

85. Jean Tardieu, La Nuit, le silence et l'au-delà (*Le Fleuve caché*)

86. Emily Brontë, "Je viendrai près de toi quand ton cœur sera triste…" (*Emily Brontë*, Seghers, 1964)

87. Charles Baudelaire, Le Revenant (*Les Fleurs du Mal*)

88. Paul Verlaine, Le Squelette (*Jadis et Naguère*)

89. Charles Baudelaire, Une gravure fantastique (*Les Fleurs du Mal*)

90. Paul Verlaine, Colloque sentimental (*Fêtes galantes*)

91. Jean Joubert, Légendes (inédit)

92. Jorge Luis Borges, La Banshee (*Le Livre des êtres imaginaires*)

94. Virgile, *Énéide* (Poésie/Gallimard)

97. Philippe de Thaun, La Sirène (*Bestiaire*)

99. Homère, *L'Odyssée*

103. Jorge Luis Borges, Les Lémures (*Le Livre des êtres imaginaires*)

104. Robert Desnos, Les Quatre sans cou (*Fortunes*, Poésie/Gallimard)

ICONOGRAPHIE

2-3 Gravure d'Ulrich Molitor (photo Roger-Viollet) **4-5, 42-43 et 45-49** Photo Roger-Viollet **6-7** Gravure d'Achille Deveria (photo Roger-Viollet) **8-9** *Les Esprits de l'abîme*, par Elisabeth Sonrel **12-13-14** Miniature allemande, bibliothèque Forney (photo Roger-Viollet) **16-17** Gravure de Deberny (photo Roger-Viollet) **18-19** Photo Roger-Viollet **20-21** Till Eulenspiegel, gravure (photo Roger-Viollet) **26-27** Gravure du XVIe siècle (photo BN) **28-29** Gravure du XVIIe siècle (Musée de la Marine) **30** *Ravissement*, par Le Brun (Réunion des Musées Nationaux) **32-33** Gravure du XVIe siècle (photo Roger-Viollet) **36-37** *La Chute d'Icare*, par André Alciat (photo BN) **38-39** Gravure de Picquot (photo BN) **40-41** Gravure du XVIIe siècle **51-52-53** Gravure d'après Breughel l'Ancien, XVIe siècle (photo Roger-Viollet) **55** Walter Crane, Sorcière (photo Roger-Viollet) **57-58** Gravure allemande (photo Roger-Viollet) **62-63** Gravure de Rousseau père, XVIIIe siècle (photo Roger-Viollet) **64 à 69** *La Tentation de saint Antoine* (photo BN) **72** Photo Roger-Viollet **74-75** Gravure du XVIe siècle **80** Gravure d'après Audubon (photo Roger-Viollet) **84-85 et 88-89** Miniature du XIVe siècle (photo Roger-Viollet) **86-87** Photo Roger-Viollet **90-91** Gravure du XVe siècle **92-93** Gravure de Florian (photo Roger-Viollet) **96-97** Miniature du XVe siècle (Bibliothèque Royale Albert Ier, Bruxelles) **102-103** Gravure du XIXe siècle

Loi n°49-956 du 16 juillet 1949
sur les publications destinées à la jeunesse
ISBN 2-07-054353-6
Numéro d'édition: 96287
Dépôt légal: octobre 2000
Imprimé en France sur les presses de l'imprimerie Hérissey
Numéro d'impression: 87598